Kurt Gossweiler

Faschismus und antifaschistischer Kampf

Mit einem Aufsatz von Horst Stuckmann:
Rechtsentwicklung und Neofaschismus
in der BRD

Antifaschistische Arbeitshefte **19** Texte zur Demokratisierung
Röderberg-Verlag Frankfurt am Main

Inhalt

Titelbild: Karikatur von Jerry Doyle, „Der Diktator",
in „The New York Post", 6. August 1934

ISBN 3-87682-218-1

Herausgegeben vom Präsidium der VVN — Bund der Antifaschisten, Frankfurt/M.
Heft 19 der Antifaschistischen Arbeitshefte — Texte zur Demokratisierung. Copy-
right by Röderberg-Verlag, Frankfurt/M. 1978, Schumannstraße 56, 6000 Frank-
furt/M. 1, Tel. (06 11) 75 10 46. Gesamtherstellung: Fuldaer Verlagsanstalt GmbH.

Vorwort

In diesem antifaschistischen Arbeitsheft kommt ein marxistischer Historiker aus der DDR zu Wort, der sich in einer Vielzahl von Publikationen als Spezialist für die Erforschung der Geschichte des deutschen Faschismus erwiesen und dabei einen bemerkenswerten Beitrag zur theoretischen Klärung des Faschismus-Begriffs geleistet hat.

Gossweiler behandelt in diesem Heft Fragen, die in der Faschismus-Diskussion in der Bundesrepublik immer wieder aufgeworfen werden und die sich als bedeutungsvoll für einen erfolgreichen Kampf gegen den Neonazismus und Militarismus erwiesen haben:

Wie kann es zum Faschismus kommen? Worin besteht die faschistische Gefahr heute, welche neuen Formen nimmt sie an? Wie steht es in Vergangenheit und Gegenwart mit den Verbindungen von Militär und Faschismus? Wie konnte es dem Faschismus in Deutschland gelingen, zeitweilig breite Massen hinter sich zu bringen und irrezuführen? Ist Faschismus stets an das Vorhandensein einer faschistischen Massenbasis gebunden? Kann es einen „Export" des Faschismus geben? Welche Probleme müssen heute besonders berücksichtigt werden, um Faschismus zu verhindern?

Solche Fragestellungen sind brennend aktuell vor dem Hintergrund der gegenwärtigen politischen Entwicklung der Bundesrepublik. In unserem Land vollzieht sich eine gefährliche Entwicklung nach rechts, die ihren Ausdruck im Abbau demokratischer Grundrechte, in einer erheblichen Verstärkung der Aktivitäten offen nazistischer bzw. neonazistischer Gruppierungen, im Versuch, die Schützengräben des Kalten Krieges wieder zu besetzen und den Antikommunismus anzuheizen, findet. Hintergrund und wichtigste Ursache dafür sind die wirtschaftlichen Krisenerscheinungen, die soziale Unsicherheit großer Teile der Bevölkerung, Arbeitslosigkeit und Jugendarbeitslosigkeit.

In dieser Situation versuchen die reaktionären Kräfte orientierungslosen und verzweifelten Menschen einen Scheinausweg aus ihrer Notlage vorzuspiegeln. Die rechtesten Kräfte in der Bundesrepublik nehmen die verbrecherischen Anschläge der Terroristen zum Vorwand, um den Weg zu autoritären polizeistaatlichen Verhältnissen zu öffnen.

Zwar droht uns heute keineswegs eine neue faschistische Diktatur. Wohl aber die schrittweise Zerstörung der rechtsstaatlichen Sicherungen der Freiheitsrechte unseres Grundgesetzes. In dieser Hinsicht ergeben sich besorgniserregende Parallelen zur Zerstörung der Weimarer Republik.

Versuche, den Faschismus zu beschönigen und zu rehabilitieren, häufen sich. Eine Hitler-Nostalgiewelle rollt. Beispielweise der Hitler-Film von Joachim Fest (Prädikat: Besonders wertvoll) erzeugt eine Vorstellung vom Faschismus, in der die historischen Erfahrungen und die Lehren daraus, wie sie nach 1945 von den demokratischen Kräften gezogen wurden, ausgelöscht sind. Die Nazi-Diktatur erscheint in diesem Film als schicksalhaftes Verhängnis. Wenn es einen Schuldigen gibt, dann kann es nur die „unkritische Masse" gewesen sein, die das Idol des Führers anhimmelte, der als Mann aus dem Volk dargestellt wird. Fests Versuch, „menschliches Verständnis" für den größten Mörder aller Zeiten zu wecken, gerät zur Geschichtslüge, daß die „NSDAP sich nicht kaufen ließ, auch nicht vom Großkapital". Die Mechanismen der Machterrichtung und Machtsicherung des Faschismus und vor allem der soziale Inhalt dieser Macht werden entstellt.

Der Film erweist sich als propagandistische Unterstützung des Drängens der Reaktion nach einem autoritären starken Staat.

Was Kurt Gossweiler an Material und Argumenten gegen Geschichtsklitterungen vorzubringen hat, sollte niemand ignorieren, dem es mit der Verhinderung faschistischer Entwicklungen und der Verteidigung der Demokratie ernst ist. Gossweilers Ausführungen sind in allgemein verständlicher Form gehalten und eignen sich daher besonders als „Basisinformation" für Diskussionen in Jugendgruppen, Schulen usw. Der Text ist aus der Überarbeitung eines Referats entstanden, das der Autor im Rahmen der Vorträge von Referenten aus verschiedenen europäischen Ländern bei der internationalen Jugendbegegnung auf der Ronneburg im August 1976 gehalten hat. Die damals sich anschließende Aussprache ist in den Teil V eingearbeitet worden. Gossweilers Arbeit wird ergänzt durch einen Aufsatz von Horst Stuckmann über Stationen und Zusammenhänge der Entwicklung von Rechtsextremismus und Neofaschismus von 1945 bis zur Gegenwart.

Frankfurt am Main, Januar 1978   Christoph Strawe

I. Wie kann es zum Faschismus kommen? Wie kann Faschismus verhindert werden?

Mitunter kann man hören oder auch lesen, der Faschismus sei 1930—1933 in Deutschland durch die Weltwirtschaftskrise hervorgerufen und an die Macht gebracht worden. Damit wird ein enger Kausalzusammenhang zwischen Wirtschaftskrise und Errichtung der faschistischen Diktatur hergestellt. Daraus wird dann manchmal die Schlußfolgerung gezogen, wenn es zu einer neuen großen Krise komme, werde der Bourgeoisie gar nichts anderes übrig bleiben, als erneut zur Errichtung einer faschistischen Diktatur zu schreiten. Derartige Auffassungen können zu der fatalistischen Ansicht verleiten, daß große Wirtschaftskrisen unvermeidlich zum Faschismus führen. Eine solche Ansicht wäre jedoch grundfalsch. Richtig ist allerdings — das hat die Vergangenheit immer wieder gezeigt —, daß ökonomische Krisen bei den reaktionärsten Kreisen der herrschenden Klasse den Drang nach Beseitigung demokratischer Rechte und des Parlamentarismus, nach Errichtung eines reaktionären terroristischen Diktaturregimes verstärken, eines Regimes, das ihnen erlauben würde, alle Krisenlasten auf die widerstandslos gemachten Massen abzuwälzen.

Aber die Geschichte hat auch gezeigt, daß der Wunsch nach einer solchen Lösung und seine Verwirklichung zwei ganz verschiedene Dinge sind.

Gerade den Antifaschisten muß die Tatsache im Bewußtsein lebendig bleiben, daß die Geschichte nicht nur Beispiele erfolgreicher Versuche zur Errichtung faschistischer Diktaturen kennt, sondern auch Beispiele eklatanter Niederlagen solcher Versuche, und vor allem begeisternde Beispiele erfolgreichen Volkskampfes zum Sturz faschistischer Diktaturen. Hier ist an erster Stelle der Kampf der Völker der Anti-Hitler-Koalition zu nennen, bei dem das Sowjetvolk eine hervorragende Rolle spielte und die größten Opfer brachte. In der Arbeiterklasse und bei allen fortschrittlichen Menschen in der Bundesrepublik ist auch noch die Erinnerung lebendig an die Niederlage der militärfaschistischen Kapp-Putschisten im März 1920. Unvergessen ist auch die Niederlage, die im Februar 1934 den französischen Faschisten und ihren Hintermännern zugefügt wurde. Und man sollte auch nicht vergessen, daß der faschistische Putsch Francos vom Juli 1936 von den antifaschistischen Kräften Spaniens bereits nahezu liquidiert war und daß nur durch das Eingreifen Hitler-Deutschlands und Mussolini-Italiens dem spanischen Volk in einem dreijährigen barbarischen Interventionskrieg das faschistische Joch aufgezwungen werden konnte.

Es muß daher die Frage gestellt werden: Wodurch konnten Versuche zur Errichtung faschistischer Diktaturen vereitelt werden, und unter welchen Bedingungen waren solche Versuche erfolgreich?

Um bei den drei genannten Beispielen zu bleiben: Es ist unbestreitbar, daß es in allen drei Fällen in der Hauptsache die gleichen Faktoren waren, die zur Niederlage der militaristischen und faschistischen Putschisten geführt haben.

Der Kapp-Putsch wurde niedergeschlagen, weil die Arbeiterklasse ihre inneren Differenzen überwand, weil sie einheitlich, geschlossen und kühn gegen die reaktionären Putschisten auftrat und sie, wo nötig, auch mit der Waffe in der Hand zurückschlug; weil darüber hinaus, mitgerissen durch diese einheitliche, kraftvolle Aktion der Arbeiterklasse, große Teile auch des Kleinbürgertums sich gegen diesen Putsch wandten. Die Kampfbereitschaft der Arbeiter ließ es selbst der zunächst geflohenen Reichsregierung angeraten erscheinen, offene Verhandlungen mit den Putschisten abzulehnen und statt dessen sogar die Beamten aufzurufen, sich dem Generalstreik der Arbeiter anzuschließen!

Nach der entschiedenen Abfuhr, die das Volk den Militaristen und Faschisten erteilte, sah sich selbst die Führung der erzreaktionären Deutschnationalen Partei gezwungen, sich von den Putschisten — von denen nicht wenige aus ihren Reihen stammten — zu distanzieren und ihre „Loyalität" gegenüber der Weimarer Republik zu bekunden. Die Einheit der Arbeiter, der Antimilitaristen und Demokraten hatte sich als eine unüberwindliche Mauer erwiesen, an der sich die militärfaschistischen Kapp-Lüttwitz-Putschisten den Schädel einrannten.[1]

Frankreich 1934—1936: Durch den Sieg der Faschisten in Deutschland übermütig geworden, unternahmen am 6. Februar 1934 die verschiedenen faschistischen Gruppen — die „Action française" mit ihren „Camelots du roi", einer Art SA, sowie die „Feuerkreuzler" des ehemaligen Oberstleutnant de La Roque — in Paris einen Putsch mit dem Ziel, die bestehende, durch Korruptionsskandale zahlreicher ihrer Minister rettungslos kompromittierte Regierung zu stürzen und an ihre Stelle eine faschistische Regierung einzusetzen.

Dieser Versuch zur Errichtung einer faschistischen Diktatur in Frankreich scheiterte am machtvollen Widerstand vor allem der Arbeiterklasse. Bereits an diesem 6. Februar stellten sich 25 000 Pariser Arbeiter den faschistischen Banden entgegen. Zwar erreichten die Faschisten, daß die Regierung zurücktrat und durch die profaschistische Regierung Doumergue ersetzt wurde, die auf dem Notverordnungswege die „Dritte Republik" in die offene Diktatur überführen wollte. Dieser Regierung gehörten solche Politiker wie Tardieu und die späteren Kollaborateure Laval und Pétain an. Aber weder sie noch die offen faschistischen Gruppen kamen zum Zuge. Am 9. Februar 1934 fand auf Initiative der Kommunistischen Partei Frankreichs trotz wütenden Polizeiterrors, dem vier Arbeiter zum Opfer fielen, eine beeindruckende antifaschistische Kampfdemonstration statt. Die Größe der faschistischen Gefahr, wie sie durch den Putsch vom 6. Februar und durch die Bildung der profaschistischen Regierung signalisiert wurde, alarmierte das französische Proletariat. Gewarnt durch das Wüten des faschistischen Terrors in Deutschland und entschlossen, dem Faschismus in Frankreich den Weg zu verlegen, fand der Ruf der Kommunistischen Partei Frankreichs zur antifaschistischen Kampfeinheit ein immer breiteres Echo. Am 12. Februar erlebte Paris eine machtvolle antifaschistische Kundgebung, an der sich beide Arbeiterparteien beteiligten. Ähnliche Einheitskundgebungen fanden im ganzen Land statt. Die Arbeiterklasse unterstrich ihren Kampfwillen durch einen 24stündigen Generalstreik, zu dem die beiden — sozialistisch bzw. kommunistisch geführten — Gewerkschaftsorganisationen aufgerufen hatten. In diesen Februartagen wurde die Einheitsfrontbewegung geboren, die am 27. Juli 1934 zu einem offiziellen Abkommen der beiden Arbeiterparteien führte, das durch den Zusammenschluß der beiden Gewerkschaftsverbände CGTU und CGT zu einem einheitlichen Gewerkschaftsverband untermauert und am 14. Juli 1935 durch den Hinzutritt der Radikalsozialistischen Partei zur Volksfront erweitert wurde. 1936 kam es nach einem überzeugenden Wahlsieg zur Bildung einer Volksfrontregierung. Mit der Einheits- und Volksfrontbewegung hat das französische Volk dem Faschismus den Weg verlegt und damit den reaktionärsten Kreisen des französischen Monopolkapitals ihre schärfste Waffe aus der Hand gezwungen.[2]

In Spanien war seit Ende 1933 die profaschistische Regierung Lerroux am Ruder, die – ähnlich wie die Regierung Doumergue in Frankreich – eine „schleichende Faschisierung" betrieb. Unter dem Eindruck der grausamen Unterdrückung der Arbeiterbewegung im faschistischen Deutschland einerseits, den Erfolgen der sich formierenden Einheitsfront in Frankreich andererseits drängten die sozialistischen Arbeiter Spaniens ihre Führer, den Aufrufen zur antifaschistischen Aktionseinheit zuzustimmen. So kam es auch in diesem Lande 1934 zum Abschluß von Vereinbarungen zwischen der Kommunistischen und der Sozialistischen Partei. Eine direkte Folge der dadurch gestärkten Kampfkraft der Massen war der Volksaufstand im Oktober 1934 gegen die reaktionäre, immer offener die Errichtung einer faschistischen Diktatur betreibenden Regierung. Der Aufstand wurde zwar unter Einsatz der Armee und der Luftwaffe blutig niedergeworfen, aber auch damit gelang es nicht, das erschütterte reaktionäre Regime zu festigen. Wie in Frankreich wurde die Einheitsfront der Arbeiter durch den Zusammenschluß der beiden Gewerkschaftsverbände UGT und CGTU weiter gestärkt, und im Januar 1936 schlossen sich die beiden Arbeiterparteien und die bürgerlichen Linksparteien in einer Volksfront zusammen, die bei den Parlamentswahlen im Februar 1936 einen klaren Wahlsieg davontrug. Damit war endgültig der Weg einer „legalen" Errichtung der faschistischen Diktatur versperrt. Der Reaktion, die aus dem Großbürgertum, den Großgrundbesitzern und großen Teilen des katholischen Klerus bestand, blieb nur noch der Weg des Staatsstreichs, des Militärputsches übrig. Und selbst dazu fühlte sie sich allein zu schwach, weshalb sie sich in eine Verschwörung mit Mussolini und Hitler gegen das eigene Volk einließ. Die faschistischen Achsenmächte beabsichtigten, mit einem faschistischen Spanien als Bundesgenossen Frankreich in die Zange zu nehmen, England und Frankreich von den wichtigsten Verbindungswegen zu ihren Kolonien und Stützpunkten in Afrika und Asien abzuschneiden, sich für den geplanten Krieg der spanischen Rohstoffe zu bemächtigen und nicht zuletzt der immer mehr anschwellenden antifaschistischen Volksbewegung eine vernichtende Niederlage zuzufügen.

Mit Hilfe deutscher und italienischer Ratgeber wurde der Putsch als ein „Blitzkriegsunternehmen" geplant, das schon in den ersten Stunden den vollen Sieg über die Republik bringen sollte.

Am 17. Juli 1936 schlugen die Putschisten los, bezeichnenderweise in Spanisch-Marokko, weil sie sich der marokkanischen Söldnertruppen am sichersten waren. Am 18. Juli schlossen sich die meisten Garnisonen in Spanien unter dem Kommando verräterischer Offiziere dem Putsch an. Die militärfaschistischen Putschisten glaubten, damit bereits den Sieg errungen zu haben. Einer von ihnen, General Queipo de Llano, prahlte über den Sender Sevilla, mit der Republik würden sie in einigen Stunden fertig werden.[3] Aber diese Herren hatten ihre Rechnung ohne das spanische Volk gemacht. Arbeiter, Bauern, Geistesschaffende erhoben sich wie ein Mann, geführt von den Parteien der Volksfront, zur

Verteidigung der Republik. In den wichtigsten Städten wurden die faschistischen Aufrührer aufs Haupt geschlagen. Die Matrosen der Kriegsflotte rechneten auf den meisten Schiffen selbst mit ihren meuternden Offizieren ab und verhinderten auf diese Weise, daß die Putschgenerale die marokkanischen Truppen und die Einheiten der Fremdenlegion aus Afrika nach Spanien überführen konnten. Auch große Teile der Luftstreitkräfte hielten der Republik die Treue. Am Ende des Monats Juli war die Situation für die Meuterer so hoffnungslos, daß einige Anführer schon an Kapitulation und Flucht dachten.[4] Mit den inneren Kräften der Reaktion und des Faschismus wäre das spanische Volk rasch und gründlich fertig geworden, hätten nicht jetzt die faschistischen Achsenmächte zugunsten der bankrotten Putschistengenerale eingegriffen.

Die Ursachen des Sieges der demokratischen, antifaschistischen Kräfte über die Kräfte der Reaktion und des Faschismus in den genannten drei Fällen liegen auf der Hand und können verallgemeinert werden: Überall dort, wo die Arbeiterbewegung einheitlich und geschlossen auftritt, wo Sozialisten und Kommunisten gemeinsam gegen Faschismus und Reaktion kämpfen, wird ein Kraftzentrum geschaffen, das weit über die Arbeiterklasse hinaus wirkt, das auf große Teile des Kleinbürgertums und des Bürgertums eine starke Anziehungskraft ausübt und die Möglichkeit zur Bildung einer breiten Front der Antifaschisten und Demokraten eröffnet. Überall dort, wo dies geschah, wurde nicht nur den inneren Kräften der Reaktion und des Faschismus ein unüberwindliches Hindernis in den Weg gelegt, sondern diese Kräfte konnten zurückgedrängt und die Demokratie für die werktätigen Massen gefestigt und erweitert werden.

Gerade deshalb versuchen heute alle Reaktionäre, die Einheits- und Volksfront zu einem Bürgerschreck zu verteufeln.

Überall dort, wo der gemeinsame Kampf das Kraft- und Selbstbewußtsein der Massen stärkte, konnte der Faschismus keine Massenbewegung werden, weil jedes Auftreten, jede brutale Gewalttätigkeit der Faschisten unter solchen Umständen nicht Einschüchterung bewirkt, sondern verdoppelte und vervielfachte Wucht der Abwehr.

Bei der Frage, unter welchen Bedingungen der Faschismus nicht aufgehalten werden konnte, sondern **gesiegt** hat, muß man sich ebenfalls den Lehren der Geschichte zuwenden. Die bitterste, aber auch nachhaltigste und eindringlichste Lehre hat uns der Sieg des Faschismus in Deutschland erteilt.

Drei Fragen müssen bei einer wissenschaftlichen Untersuchung dieses Problems sauber auseinandergehalten werden. Erstens die Frage, welche Klasse oder soziale Gruppe den Faschismus als ihr Instrument an die Macht brachte; zweitens die Frage, aus welchen Klassen und sozialen Schichten sich die Gefolgschaft der Faschisten vorwiegend rekrutierte; und drittens die Frage, weshalb im Kampf zwischen Faschismus und Antifaschismus der Faschismus in Deutschland die Oberhand behielt.

Wer die bürgerliche Literatur zum Faschismus, speziell zum deutschen Faschismus, betrachtet, wird feststellen, daß dort diese notwendige säuberliche Trennung so gut wie nie vorgenommen wird. Die erste Frage bleibt meist überhaupt unberührt, oder sie wird als eine angeblich falsche Fragestellung abgetan oder auf andere Weise umgangen, zumindest bagatellisiert. Um so weitschweifiger wendet man sich den beiden anderen Fragen zu, in der bewußten Absicht oder wenigstens mit dem schließlichen Ergebnis, daß die Schuld am Faschismus den Massen zugeschoben wird.

Die erste Frage kann hier zunächst mit einem Satz beantwortet werden, da darüber umfangreiche Literatur vorliegt: Die deutschen Monopolherren und Junker waren es, die Hitlers Partei finanzierten und vom Reichspräsidenten Hindenburg verlangten, Hitler zum Kanzler zu machen, damit er ihr Wirtschafts- und Expansionsprogramm verwirkliche. (Ausführliche Erläuterung im Teil V dieses Hefts, Seite 28 ff.)

Für unsere Fragestellung ist vor allem von Interesse, weshalb es in Deutschland nicht gelang, den Machtantritt des Faschismus zu verhindern. Eine umfassende Antwort auf diese Frage wird dafür viele Ursachen anführen, zugleich aber auch auf eine Hauptursache mit allem Nachdruck verweisen müssen: In Deutschland war 1932/33 die Arbeiterbewegung tief gespalten und vermochte im Gegensatz zu Frankreich und Spanien diese Spaltung auch angesichts der akuten faschistischen Gefahr nicht zu überwinden. Die bürgerliche und sozialdemokratische Publizistik und Geschichtsschreibung geben dafür den Kommunisten die Schuld und verweisen in diesem Zusammenhang darauf, daß die Kommunisten die Sozialdemokraten als Sozialfaschisten bezeichnet und damit jede Einheitsfront unmöglich gemacht hätten. Bevor jedoch bei den Kommunisten überhaupt der Terminus „Sozialfaschismus" im Umlauf kam, wurden die Kommunisten von sozialdemokratischer Seite schon in den frühen zwanziger Jahren in Italien und in Deutschland als „Linke Faschisten" und die Faschisten als „Rechte Bolschewisten" bezeichnet. Während aber die Kommunisten angesichts der faschistischen Gefahr die größten Anstrengungen zur Herstellung der Einheitsfront mit den sozialdemokratischen Klassengenossen unternahmen und in der Praxis die „Sozialfaschismus"-These überwanden, noch bevor sie sie auf dem VII. Weltkongreß der Kommunistischen Internationale 1935, also vor nunmehr über 42 Jahren, auch offiziell in einer scharfen Selbstkritik über Bord warfen, ist die Gleichsetzung von Faschisten und Kommunisten heute noch gewissermaßen Parteidoktrin der SPD in der BRD und in Westberlin und Regierungsdoktrin der sozial-liberalen Koalition, wie z. B. das Verbot der Aktionseinheit mit Kommunisten und der sogenannte „Extremistenerlaß", also die Berufsverbotepraxis, beweisen.

Daß auch in den entscheidenden Jahren vor dem Machtantritt des Faschismus in Deutschland der Antikommunismus rechter sozialdemokratischer Führer ein wesentliches Hindernis für ein einheitliches Vorgehen gegen den Faschismus war, das wurde an dem schicksalsschweren 20. Juli 1932 so klar und deutlich demonstriert, wie später nur noch ein einziges Mal, nämlich am 30. Januar 1933. An diesem 20. Juli erklärte der profaschistische Reichskanzler v. Papen die Regierung des Landes Preußen, das zwei Drittel des Deutschen Reiches ausmachte, kurzerhand für abgesetzt. Ministerpräsident war damals der Sozialdemokrat Otto Braun, der es nicht ungerne hörte, wenn man ihn den „roten Zaren von Preußen" nannte, und preußischer Innenminister war Carl Severing, der vorher genau wie Otto Braun erklärt hatte, jeder Angriff auf das rote Bollwerk Preußen werde, gestützt auf die 90 000 Mann preußische Polizei, auf die „Eiserne Front" und die Arbeiterschaft, zurückgeschlagen werden. Als es aber darauf ankam, von Worten zu Taten zu schreiten, erklärte Severing, er „weiche der Gewalt" — und beschränkte seinen „Widerstand" darauf, Klage beim Staatsgerichtshof einzulegen.

Der sogenannte „Papen-Staatsstreich" schuf eine Situation, in der die Arbeiterschaft — ähnlich wie 1920 gegen Kapp — den Vorstoß der profaschistischen Reaktion nur zurückweisen konnte, wenn sie geschlossen auftrat, den Generalstreik erklärte und über alle Hindernisse hinweg ihre Kräfte vereinte. Aber nur die Kommunisten handelten, wie es die Kampferfahrungen und die Größe der Gefahr geboten, indem sie zum Generalstreik aufriefen. Die sozialdemokratischen Führer dagegen vertrösteten ihre Anhänger auf die Reichstagswahlen, die elf Tage später stattfanden; Papen werde — so sagten sie — mit dem Stimmzettel vernichtend geschlagen werden.

Jeder weiß, wie teuer die deutsche Arbeiterklasse und das deutsche Volk diese Fehleinschätzung und Kapitulation bezahlen mußten. Die Tatsache, daß Papen widerstandslos eine Regierung absetzen konnte, die bisher in den Augen der bürgerlichen Demokraten als das Bollwerk und die Garantie gegen den Faschismus galt, hatte eine verheerende Wirkung auf einen Großteil der Kleinbürger, die unentschlossen zwischen Arbeiterschaft und Faschismus schwankten. Die am 20. Juli zum Ausdruck gekommene Aktionsunfähigkeit der Arbeiterklasse trieb diese Kleinbürger vollends ins Lager des Faschismus, weil dort, wie es ihnen schien, die entschlossenere und stärkere Kraft zu finden war, der allein noch eine Änderung der unerträglichen Verhältnisse zuzutrauen war.

Darüber hinaus hatte die Tatsache, daß die Monopolbourgeoisie und ihr Repräsentant Papen die Arbeiterklasse ungestraft so schwer hatte provozieren können, auch jene Kreise der Bourgeoisie ermutigt, die bislang aus Furcht vor der Reaktion der Arbeiterklasse noch vor dem Äußersten, vor der Machtübertragung an die Faschisten, zurückgeschreckt waren. Hatte die einmütige Abwehr des Kapp-Putsches 1920 die reaktionärsten Kreise des Finanzkapitals innerhalb der herrschenden Klasse isoliert, so trieb umgekehrt die Stillhaltepolitik der rechten Partei- und Gewerkschaftsführer jetzt die noch zögernden und zu Kompromissen mit einer kämpferischen Arbeiterbewegung bereiten Kreise der herrschenden Klasse an die Seite der rabiatesten, aggressivsten und reaktionärsten Elemente des Finanzkapitals, die schon seit langem auf die faschistische Diktatur hinarbeiteten.

Der 20. Juli 1932 war für die zum Faschismus strebende deutsche Monopolbourgeoisie die Generalprobe gewesen, die ihr anzeigte, daß sie es wagen konnte, auch den letzten Schritt zu tun. Als die Führung von SPD und reformistischen Gewerkschaften am 30. Januar 1933 wiederum das Angebot und die dringende Aufforderung der KPD zum Generalstreik gegen das soeben ernannte Kabinett Hitler zurückwiesen, legten sie damit die einzige Kraft lahm, die imstande gewesen wäre, der noch ganz ungefestigten und in sich uneinigen Regierung Hitler dasselbe Schicksal zu bereiten, das sie 1920 Kapp bereitet hatte.

Um zu unserer Ausgangsfrage nach dem Zusammenhang zwischen Wirtschaftskrise und Faschismus zurückzukommen: Die Geschichte hat eindeutig gezeigt, daß es keinen Automatismus gibt, der bewirkt, daß aus einer tiefen Wirtschaftskrise der Faschismus siegreich hervorgehen muß. Der von der Monopolbourgeoisie in einer solchen Situation auf die Arbeiterbewegung und die Demokraten gehetzte Faschismus siegt nur dann unvermeidlich, wenn die Antifaschisten ihr Gewicht nicht gemeinsam in die Waagschale werfen, sondern ihre Differenzen für wichtiger erachten als den gemeinsam Sieg über den Faschismus.

II. Die faschistische Gefahr heute

Es gibt Leute, die uns einreden möchten, der Faschismus sei eine Angelegenheit von gestern, mit der Höllenfahrt des Hitler-Faschismus im Mai 1945 sei auch die Gefahr des Faschismus überhaupt verschwunden.

Wie steht es damit?

Die Situation ist heute außerordentlich kompliziert und widerspruchsvoll. Das zeigt die Tatsache, daß einerseits im Jahre 1973 die Volksregierung in Chile durch einen faschistischen Militärputsch gestürzt werden konnte, in dessen Gefolge eine der grausamsten faschistischen Diktaturen in Gestalt des Pinochet-Regimes errichtet wurde, andererseits aber kurz nacheinander drei faschistische Diktaturen in Europa — in Griechenland, Portugal und Spanien — unter dem wachsenden Druck der Volksmassen und einer bis in die traditionellen Stützen des Regimes — wie Kirche und Armee — reichenden Opposition zusammenbrachen.

Man kann wohl sagen, daß gegenwärtig solche Faktoren das Übergewicht haben, die das Aufkommen einer faschistischen Massenbewegung stark beeinträchtigen.

Der erste derartige Faktor ist die Tatsache, daß glücklicherweise nicht nur der einzelne, sondern auch die Menschheit ein Gedächtnis hat, in das die Erinnerung an die unaussprechlichen faschistischen Greuel und Verbrechen tief eingegraben ist, der Antifaschismus demzufolge in allen Völkern bis weit ins Bürgertum hinein tiefe Wurzeln geschlagen hat.

Ein weiterer günstiger Faktor besteht darin, daß der Antikommunismus und Antisowjetismus, der im Kalten Krieg ein äußerst gefährliches Ausmaß erreicht hatte, mit dem Ende des Kalten Krieges in seiner Wirkung auf die Massen in den kapitalistischen Ländern nachgelassen hat; wir sollten allerdings nicht übersehen, wie gefährlich seine Wirkung noch immer ist, und daß seit der Konferenz von Helsinki bestimmte Kräfte am Werke sind, ihn wieder zur alten Höhe anzufachen. Das wird allerdings immer schwieriger angesichts der unübersehbaren Stärkung der Welt des Sozialismus und der Erfolge der sozialistischen Länder, deren Wirtschaft keine Krisen und keine Arbeitslosigkeit kennt, in denen die Menschenrechte und vor allem deren wichtigstes, das Recht auf Arbeit, eine Selbstverständlichkeit sind; die an der Spitze aller Bemühungen um Entspannung und Sicherung des Friedens stehen: denen die bisher unterdrückten Völker der ehemaligen imperialistischen Kolonien und Halbkolonien in entscheidendem Maße den Erfolg ihres Befreiungskampfes verdanken und die schließlich die sichersten und zuverlässigsten Bundesgenossen aller Kräfte in der ganzen Welt sind, die um Demokratie, nationale Unabhängigkeit und sozialen Fortschritt kämpfen, sei es im Rahmen der Vereinten Nationen, sei es im direkten Kampf gegen den Imperialismus.

Die Anziehungskraft des Faschismus und die Wirkung des Antikommunismus werden auch durch die wachsende Autorität der kommunistischen Parteien in vielen kapitalistischen Ländern geschwächt, darunter in so wichtigen Ländern wie Frankreich und Italien. Durch ihren Kampf gegen die faschistischen Okkupanten und dank ihrer praktischen Politik haben sich die kommunistischen Parteien als Vertreter der Interessen aller Werktätigen erwiesen; dadurch und durch ihren unermüdlichen Kampf um den Zusammenschluß aller linken und antifaschistisch-demokratischen Kräfte haben sie das Vertrauen auch breiter Teile des Kleinbürgertums gewonnen, die unter den Bedingungen der dreißiger Jahre sich großenteils noch dem Faschismus angeschlossen hatten.

Ein weiterer Faktor, der zu dieser positiven Situation beiträgt, liegt darin, daß immer mehr Menschen begreifen, daß es zur Politik der Entspannung keine Alternative gibt, außer dem Atomkrieg. Diese Tatsache erleichtert die Isolierung der entspannungsfeindlichen Kräfte, damit auch den Faschisten, die überall als die wütendsten Feinde der Entspannung und die bedenkenlosesten Hetzer zu einem Atomkrieg gegen die sozialistischen Länder auftreten.

Es wäre aber leichtfertig und gefährlich, aus alledem zu schließen, daß die Gefahr des Faschismus nun stetig Jahr für Jahr immer mehr abnehmen müßte bis zum schließlichen völligen Verschwinden.

Erstens haben wir noch keinerlei Garantie dagegen, daß es nicht in dem einen oder anderen Land faschistischen Parteien erneut gelingt, eine gewisse Massenanhängerschaft zu gewinnen, und zweitens sind wir durch die Geschichte genügend darüber belehrt worden, daß die Errichtung einer faschistischen Diktatur nicht nur auf diesem Wege der Massenpartei, sondern auch auf dem Wege faschistischer Putsche und Staatsstreiche erfolgen kann.

Wenn die faschistischen Bewegungen in der Gegenwart eine weit geringere Rolle spielen als in den dreißiger Jahren, dann trägt dazu außer den genannten Faktoren auch der Umstand bei, daß die Monopolbourgeoisie in den führenden kapitalistischen Industrieländern bisher keine solchen Bemühungen zur Heranzüchtung faschistischer Parteien unternahm, die denen der deutschen Monopolbourgeoisie anfangs der dreißiger Jahre vergleichbar wären, und daß bisher auch die Mittelschichten noch nicht in dem gleichen Maße den katastrophalen Wirkungen einer Wirtschaftskrise ausgesetzt waren, wie etwa in den Jahren der Weltwirtschaftskrise von 1929 bis 1933. Wie stark diese beiden Faktoren im Verhältnis zu den anderen ins Gewicht fallen, können wir heute noch nicht exakt abwägen. Aber wir haben bereits einige warnende Beispiele erlebt, die uns vor Illusionen und leichtfertigem Optimismus bewahren sollten. In den Jahren der zyklischen Krise von 1966/67 stiegen die Stimmen für die neofaschistische NPD in der Bundesrepublik sprunghaft an:[5]

Land	Bundestags-wahl 1965 Prozent	Landtagswahlen 1966—1968 Prozent
Hessen	2,5	6. 11. 1966: 7,9
Bayern	2,7	20. 11. 1966: 7,4
Bremen	2,7	1. 10. 1967: 8,8
Baden-Württemberg	2,2	28. 4. 1968: 9,8

Solche Erfahrungen machen die Berechtigung folgender Warnung deutlich, die auf einem internationalen wissenschaftlichen Symposium über „Neue Formen der faschistischen Gefahr" im Jahre 1973 in Essen formuliert wurde: „Der Faschismus macht nicht selten ein relativ langes Stadium embryonaler Entwicklung durch und greift dann rasch wie die Pest um sich ... In unserer Zeit ist eine plötzliche Aktivierung der faschistischen Bewegung, so etwa wie an der Schwelle der 30er Jahre, ebenfalls möglich. Bei Äußerungen der Labilität des ökonomischen und politischen Systems, in zugespitzten internationalen Situationen zeigt sich die Tendenz zur Verbreiterung der rechtsradikalistischen Wählerschaft, und die faschistische Gefahr kann in kürzester Frist zu katastrophalen Ausmaßen anwachsen."[6]

Und noch haben in der BRD auch die Warnungen Gültigkeit, die der Präsident der VVN — Bund der Antifaschisten, Dr. Joseph Rossaint, auf dem Europäischen Treffen gegen Neonazismus und Neofaschismus im Juni 1973 in Brüssel ausgesprochen hat, als er sagte: „Tatsächlich gibt es . . . noch immer ein straff organisiertes Netz von Organisationen ehemaliger und auch neuer Faschisten . . . Da sind zunächst einmal die Zehntausende aus den Nachfolge- und Traditionsverbänden der ehemaligen SS, die Hunderttausende aus den Vertriebenenverbänden. . . . Das Bild wäre ohne Aufzählung der wichtigsten Zeitschriften rechtsextremistischer Provenienz irreführend . . . Schließlich darf man auch die über 300 Blätter der ‚Vertriebenen‘ nicht vergessen, den ganzen Springerkonzern mit der Bild-Zeitung nicht übersehen, die . . . typisch faschistische Emotionen und Verhaltensweisen kultiviert. Ihr Einfluß ist wesentlich größer als der Blätterwald, den einst Hugenberg der Reaktion zur Verfügung stellte." [7]

Was hier am bundesdeutschen Beispiel vorgeführt wurde, gilt natürlich nicht nur für die BRD. Ähnliches ist auch aus anderen Ländern zu berichten.

Aber die faschistische Gefahr droht, wie gesagt, nicht nur — und heutzutage sogar nicht einmal in erster Linie — von einer neuen faschistischen Massenbewegung. Den reaktionärsten Kreisen der herrschenden Klasse in den kapitalistischen Ländern stehen — wie die Beispiele Griechenland 1967 und Chile 1973 vor Augen führten — auch andere Mittel und Möglichkeiten zur Installierung faschistischer Diktaturen zur Verfügung.

Muß man damit rechnen, daß sich solche faschistischen Putsche auch heute noch wiederholen können?

Mit Versuchen dieser Art muß man unbedingt rechnen und sich rechtzeitig darauf vorbereiten, sie zurückzuschlagen und die schwer genug erkämpften demokratischen Rechte und Freiheiten zu verteidigen. Mit solchen Versuchen muß ebenso bei einer weiteren Vertiefung der Wirtschaftskrise gerechnet werden, wie bei einem weiteren Anwachsen der revolutionären Bewegungen. Nehmen wir z. B. Italien. Auf einer NATO-Tagung in Puerto Rico wurde beschlossen, falls in Italien die Kommunisten an der Regierung beteiligt würden, sollten diesem Lande kurzerhand wirtschaftliche Daumenschrauben angesetzt werden, indem ihm alle ökonomische und finanzielle Unterstützung entzogen wird. Das erinnert daran, daß bereits 1964 vom italienischen Geheimdienst im Zusammenwirken mit dem CIA und dem NATO-Hauptquartier in Europa ein Plan erarbeitet worden war, der die schlagartige Verhaftung von Führern der Linksparteien und ihre Einweisung in Konzentrationslager vorsah, um auf diese Weise Italien für die herrschende Klasse wieder „regierbar" zu machen. Es dürfte deshalb niemanden überraschen, wenn auf Puerto Rico auch noch weitergehende Planungen erwogen wurden für den Fall, daß die ökonomische Erpressung nicht die gewünschten Erfolge bringt. Die Hartnäckigkeit, mit der die italienischen Faschisten durch Terrorakte, Attentate, Provozierung blutiger Zusammenstöße usw. die „Strategie der Spannung" verfolgen, obwohl ihnen das in der Öffentlichkeit keinerlei Sympathien einbringt, sondern im Gegenteil das Zusammenrücken der Antifaschisten verschiedener politischer Richtungen bewirkt, spricht dafür, daß all dem ein strategischer Generalplan zugrunde liegt, dessen Kernpunkt darin besteht, den Vorwand zu schaffen für eine gewaltsame Beseitigung des parlamentarischen Systems im Namen der Aufrechterhaltung der „Ordnung".

Am bedenklichsten bei alledem ist aber, daß, wie die Internationale Föderation der Widerstandskämpfer in einer Untersuchung über den Neofaschismus in Italien feststellte, bestimmte Staatsorgane den Neofaschisten direkt oder indirekt zu Hilfe kommen.[8]
Auf eine weitere mögliche Form der Installierung faschistischer Regime wies Dr. J. C. Rossaint in seinem schon erwähnten Vortrag hin, als er ausführte: „Wahrscheinlicher bleibt jedoch, daß staatliche, polizeiliche Exekutivorgane ohne größere Massenbasis die Umschaltung auf eine faschistoide oder auf eine faschistische Herrschaftsform vornehmen und das Hilfsinstrument der Massen erst hinterher ausbauen ... Man darf bezweifeln, daß neue Privatarmeen dem entsprechen und annehmen, daß die Verbindung von Rüstungsindustrie, Wirtschaft, Militärapparat und Teilen des Staatsapparates effektiver sind ..."[9]

Zusammenfassend bleibt festzustellen, daß für die Zukunft ein Erfolg der Bemühungen um Heranzüchtung einer faschistischen Massenbewegung noch nicht ausgeschlossen werden kann, daß jedoch gegenwärtig noch viel eher mit Versuchen gerechnet werden muß, den Faschismus auf dem chilenischen Wege, dem Wege eines heißen Militärputsches, zu errichten, oder auf dem geräuschlosen, „legalen" Wege der Umschaltung vom bestehenden parlamentarischen auf ein faschistoides oder faschistisches Regime, gestützt auf das vorsorglich bereitgestellte Instrumentarium von Ausnahme- und Notstandsgesetzen und abgesichert durch die bewaffnete Staatsmacht.

III. Militär und Faschismus

Die Entstehungsgeschichte aller faschistischen Diktaturen lehrt, daß in allen Fällen die militärischen Streitkräfte bei ihrer Installierung eine ausschlaggebende Rolle spielten. Das war 1926 in Portugal so, als dort durch einen Militärputsch die faschistische Diktatur errichtet wurde, das war so in Spanien 1936, in Griechenland 1967 und in Chile 1973. Aber das gilt nicht nur für die auf dem Wege des Militärputsches entstandenen faschistischen Regime, sondern nicht minder für den Typ des Massenparteien-Faschismus von italienischem oder deutschem Zuschnitt.

Mussolinis Weg zum Führer des italienischen Faschismus begann im Ersten Weltkrieg, als er mit den Geldern der Schwerindustrie und dem Segen der Militärs eine Kampagne für den Kriegseintritt Italiens an der Seite der Westmächte entfaltete. Die Tätigkeit der im März 1919 von Mussolini gegründeten „fasci die Combattimento" (Kampfbünde) erfuhr bald großzügige Förderung seitens der Armee: Der Kriegsminister Bonomi verfügte am 20. Oktober 1920, daß demobilisierte Offiziere, die in Mussolinis „fasci" eintreten und dort Führungsfunktionen bekleiden, vier Fünftel ihres Gehaltes weiterbeziehen konnten![10]

Bei ihren berüchtigten „Strafexpeditionen" gegen die Arbeiterschaft wurden die faschistischen Banden oftmals von Einheiten der Armee unterstützt. Bevor Mussolini den sogenannten „Marsch auf Rom" antrat, hatten in verschiedenen Orten Norditaliens die Truppen bereits gemeinsame Sache mit den Faschisten, die meist von früheren Offizieren befehligt wurden, gemacht. Die Generalität drängte den König, Mussolini zum Ministerpräsidenten zu ernennen mit der gezielten Falschmeldung, „daß hunderttausend Faschisten auf Rom marschierten, und daß die Garnison sie nicht aufhalten könne". In Wirklichkeit standen den Faschisten nur etwa 20 000 kümmerlich bewaffnete Schwarzhemden zur Verfügung, die von der gutbewaffneten Garnison mit Leichtigkeit zurückgeschlagen worden wären.[11] Schon diese wenigen Tatsachen machen klar, daß ohne die aktive Unterstützung durch das Militär der Faschismus in Italien nicht an die Macht gekommen wäre.

Nicht anders in Deutschland.

Das hauptsächlichste Reservoir, aus dem sich die Führer des entstehenden deutschen Faschismus rekrutierten, waren die von der Reichswehrführung ausgehaltenen Freikorps. Hitler begann seine politische Laufbahn aktenkundig als Reichswehrspitzel, und die NSDAP verdankte ihren Aufstieg in Bayern in den Jahren 1919—1923 in erster Linie der Tatsache, daß die bayerische Reichswehrführung wie auch die bayerische Bourgeoisie hofften, mit ihrer Hilfe große Teile der Arbeiterschaft von den Arbeiterparteien losreißen und für die politische Rechte gewinnen zu können. Die faschistischen „Sturmabteilungen" standen wie alle anderen paramilitärischen Organisationen unter der wohlwollenden Patenschaft und Kontrolle der Reichswehr, deren Offiziere als Ausbilder abgestellt und in deren Kasernen die Waffen dieser Organisationen gelagert wurden. Der Militärdiktator Deutschlands im Ersten Weltkrieg, General von Ludendorff, unternahm gemeinsam mit Hitler den Putsch vom 8./9. November 1923.[12]

Auch in den Jahren 1930—1933 verdankte die NSDAP ihre neuerliche Förderung und die Übertragung der Macht außer dem Monopolkapital vor allem der Generalität. Kein anderer als General von Blomberg, Reichswehrminister im Kabinett Hitler, bestätigte dies, als er seinen Kommandeuren am 3. Februar 1933 erklärte, bei der Bildung des Kabinetts habe die Frage des Reichswehrministers die Hauptrolle gespielt. Der Eintritt der Nazis in die Regierung sei entschieden gewesen, als sich ein aktiver General zur Mitarbeit unter Hitler bereit gefunden habe.[13] An diesem gleichen Tag hielt Hitler vor den Spitzen von Heer und Marine eine Rede, mit der er klarmachte, daß sein Regierungsprogramm die Verwirklichung ihrer Ziele sei, nämlich „Ausrottung des Marxismus mit Stumpf und Stiel", „Ertüchtigung der Jugend und Stärkung des Wehrwillens mit allen Mitteln", „Todesstrafe für Landes- und Volksverrat", Wiedereinführung der allgemeinen Wehrpflicht, Beseitigung des Versailler Vertrages und schließlich „Eroberung neuen Lebensraumes".[14]

Wenn einerseits die militärische Führung zu keiner anderen politischen Bewegung eine so enge Affinität aufwies wie zur faschistischen, so war umgekehrt keine andere Partei so sehr vom Geiste des Militarismus durchdrungen wie die faschistische. Die Organisationsstruktur und die Prinzipien des innerparteilichen Lebens, insbesondere des Führerprinzips, waren dem militärischen Bereich entlehnt; die faschistischen Parteien legten sich in aller Regel eine paramilitärische Parteitruppe zu, und in ihrem öffentlichen Auftreten pflegten sie bewußt den Stil militärischer Aufmärsche und Paraden.

Diese enge Nachbarschaft und Verwandschaft von imperialistischen Streitkräften und faschistischer Bewegung war natürlich
kein Zufall, sondern beruhte auf der Ähnlichkeit, ja, partiellen
Gleichartigkeit ihrer Funktionen und Aufgaben.

Der Imperialismus braucht das Militär nach außen zur Durchset-
zung seiner aggressiven Zielsetzungen und im Innern als Waffe
zur Niederhaltung der Arbeiterklasse und aller Werktätigen überhaupt.[15]

Vernichtung der Arbeiterbewegung und Schaffung der Voraussetzungen für die Verwirklichung der imperialistischen Aggressions-
ziele sind aber auch die Hauptziele faschistischer Bewegungen.

Das dringende Bedürfnis nach einer politischen Bewegung von
der Art des Faschismus entstand in der imperialistischen Bourgeoisie zuerst dort, wo angesichts des revolutionären Auf-
schwunges in den Massen und der Zerrüttung des bürgerlichen
Gewaltapparates im Gefolge des vierjährigen Weltkrieges am
ehesten offenkundig wurde, daß Militär und Polizei nicht mehr
ausreichten, ihrer inneren Funktion gerecht zu werden. Dort be-
durften sie zuerst der Unterstützung durch eine in den Massen
verankerte politische Bewegung, die imstande war, den staatlichen Gewaltapparat zu ergänzen durch von ihr aufgestellte
außerstaatliche bewaffnete Formationen. Der Eintritt in die Epoche des Übergangs vom Kapitalismus zum Sozialismus verbreit-
terte das Bedürfnis in der imperialistischen Bourgeoisie nach solchen Organisationen um so mehr, je mehr das Streben nach Nie-
derwerfung der eigenen Arbeiterklasse von dem Wunsch ergänzt
wurde, den ersten Arbeiter- und Bauernstaat, die Sowjetunion,
auszutilgen.

Natürlich bedeutet die Ähnlichkeit der Aufgaben von Militarismus
und Faschismus keine Identität. Der Militarismus begleitet den
Kapitalismus von seinem Anfang an; er ist eine seiner „wichtigsten und energischsten Lebensäußerungen"[16]; Militär und Militarismus sind ein untrennbarer Bestandteil des kapitalistischen
Herrschaftsapparates; die Spitzen der militärischen Führung sind
Fleisch vom Fleische der herrschenden Klasse.

Faschistische Bewegungen tauchen dagegen erst in der letzten
Phase des Kapitalismus, in der Phase seiner allgemeinen Krise
auf; obwohl dem Monopolkapital der Drang nach Reaktion und
Gewalt innewohnt, ist der Faschismus keineswegs ein untrennbarer Bestandteil des monopolkapitalistischen Herrschaftsapparates; die Führer faschistischer Massenbewegungen steigen gewöhnlich nur ausnahmsweise und, wenn überhaupt, nur vorüber-
gehend in die herrschende Klasse auf. Der Militarismus ist zusam-

men mit dem Monopolkapital Schöpfer und Gebieter der faschistischen Bewegungen.

Allerdings dürfen wir nicht vergessen, daß auch das Militär eines bürgerlichen Staates immer nur ein Machtinstrument der herrschenden Klasse darstellt, nicht etwa eine selbständige autonome Macht. Weil aber dieses Machtinstrument die „ultima ratio" der herrschenden Klasse darstellt, da ihm der bewaffnete Schutz der Herrschaft und des Eigentums der verschwindenden Minderheit der Finanzmagnaten vor einem möglichen Aufbegehren des Volkes anvertraut ist, wird dieses Machtinstrument besonders rigoros gegen demokratische Einflüsse abgeschirmt, werden die „Waffenträger" im Solde der herrschenden Klasse einer besonders intensiven „Erziehung" im Geiste der reaktionärsten Traditionen ausgesetzt. Es ist daher nicht verwunderlich, daß in aller Regel in den hochentwickelten imperialistischen Ländern gerade die reaktionärsten Kreise des Finanzkapitals den maßgeblichsten Einfluß auf die Streitkräfte ausüben, und die militärische Führung gerade zu diesen Kreisen die engsten Beziehungen unterhält.

Was hier über das Verhältnis von Militarismus und Faschismus, von Militär und faschistischen Bewegungen der zwanziger bis vierziger Jahre gesagt wurde, gilt unter Berücksichtigung der veränderten Bedingungen sinngemäß auch für die Gegenwart. Wer aufmerksam die antifaschistische Wochenzeitung „die tat" verfolgt, findet in jeder Nummer erschreckende Beispiele dafür, daß gerade in der Bundeswehr — als deren Aufgabe offiziell doch immer der Schutz der demokratischen Grundordnung bezeichnet wird — der Geist der Verbundenheit und der Solidarisierung mit den faschistischen Traditionen der Hitler-Wehrmacht und der Waffen-SS gepflegt wird, und daß ihre Führungskräfte ganz offen und ungestraft die „Kameradschaft" mit dem faschistischen Verband ehemaliger Angehöriger der Waffen-SS „HIAG" propagieren und praktizieren.

Um auszuschließen, daß das Militär in der BRD, in Italien, Frankreich oder wo auch immer eine solch verhängnisvolle Rolle spielen kann, wie wir das zuletzt in Chile erlebt haben, muß ein entschiedener Kampf auch um die Demokratisierung der Streitkräfte geführt werden. Das ist ein ganz wichtiger Bestandteil des antifaschistischen Kampfes.

Eine letzte Frage muß in diesem Zusammenhang behandelt werden. Manchmal kann man die Meinung hören, man müsse unterscheiden zwischen faschistischen und Militärdiktaturen. Als faschistisch dürfe man nur solche offen terroristischen Diktaturen der reaktionärsten Kreise des Finanzkapitals bezeichnen, die sich bei der Machteroberung und der Machtausübung auf eine breite Massenbewegung stützen; wenn derartige Diktaturen jedoch durch einen Militärputsch oder einen militärischen Staatsstreich errichtet wurden, dann handele es sich nicht um faschistische, sondern um Militärdiktaturen. Zur Begründung einer solchen Unterscheidung wird angeführt, man dürfe um der begrifflichen Klarheit willen nicht Unterschiedliches mit ein und demselben Begriff belegen. Aber gerade das geschieht, wenn man diese Trennung vornimmt; denn dann belegt man mit ein und demselben Begriff „Militärdiktatur" ihrem sozialen und ökonomischen Inhalt nach so unterschiedliche, ja gegensätzliche Regime wie die Pinochet-Diktatur in Chile, das Militärregime in Peru und die revolutionäre Herrschaft des Militärs in Äthiopien — um nur diese drei zu nennen. Es wird also notwendig, um eine Gleichsetzung dieser qualitativ völlig verschiedenen „Militärdiktaturen" voneinander zu vermeiden, ihnen entsprechende Adjektive beizugeben, also im Falle Chiles etwa von einer faschistischen Militärdiktatur zu sprechen im Unterschied zu der begrenzt antiimperialistischen in Peru und der antifeudalistischen und antikapitalistischen in Äthiopien.

Mit der Unterscheidung von „faschistischer Diktatur" und „Militärdiktatur" ist also für das Streben nach begrifflicher Klarheit überhaupt nichts gewonnen. Geht man jedoch davon aus, daß der Faschismus — wie es der Wirklichkeit entspricht und ganz natürlich ist — in verschiedenen Spielarten existiert, wie z. B. der des Faschismus vom italienischen und deutschen Schlage, den wir als den Typ des Massenpartei-Faschismus bezeichnen können, oder der des Militärfaschismus (z. B. Portugal, Spanien, Griechenland, Chile), oder des Klerikalfaschismus, wie er z. B. unter Dollfuß und Schuschnigg in Österreich bestand — dann entspricht das nicht nur dem Bedürfnis nach begrifflicher Klarheit viel besser, sondern dann bleibt der soziale Inhalt der Diktatur, die Frage wer, welche Klasse, diese Diktatur über wen ausübt, das entscheidende Kriterium, während die Unterscheidung zwischen „faschistischer" und „Militärdiktatur" die Frage der äußeren Form zum entscheidenden Kriterium für den Faschismusbegriff erhebt.

Dazu kommt als ein sehr wichtiger Gesichtspunkt, daß die Auffassung, der Faschismus könne nur gestützt auf eine Massenbewegung an die Macht gebracht werden, gefährlich ist, weil sie Illusionen darüber hervorruft, aus welcher Richtung in der Gegenwart vor allem faschistische Gefahren drohen. Die Antifaschisten hoffen darauf und tun alles dafür, daß in den Ländern des Kapitals der Faschismus keine Massenbasis mehr findet. Aber wäre durch die Verhinderung einer faschistischen Massenbasis die Gefahr des Faschismus gebannt? Keineswegs. In diesem Fall werden die reaktionärsten Kreise des Finanzkapitals, wenn sie für ihre Zwecke ein faschistisches Regime für notwendig erachten, nach anderen Wegen und Möglichkeiten suchen, um ans Ziel zu gelangen, sei es durch einen Militärputsch der eigenen Truppen, sei es durch einen Militärputsch mit ausländischem Rückhalt, wie ihn z. B. die NATO geben könnte.

Wir sollten uns daher bewußt sein, daß der Faschismus auf vielen Wegen und auch in vielerlei Gestalt und nicht nur auf dem Wege und kaum mehr in der Gestalt von vorgestern, in seiner italienischen und deutschen Gestalt, zu erwarten ist.

IV. Überlegungen zu der Frage: Wie ist heute Faschismus zu verhindern?

Alle theoretischen Untersuchungen und Überlegungen, die wir zum Problem des Faschismus anstellen, müssen letztlich darauf gerichtet sein, in der Praxis diesen brutalsten und gefährlichsten Gegner der Volksmassen und der ganzen Menschheit unschädlich zu machen, dem Imperialismus diese seine mörderischste politische Waffe in seinem Kampf gegen Demokratie und sozialen Fortschritt aus den Händen zu winden und schließlich die Garantien zu schaffen für die völlige und endgültige Ausmerzung des Faschismus aus dem Leben der menschlichen Gesellschaft.

In diesem Zusammenhang soll als erste Frage betrachtet werden: Wie ist das erneute Anschwellen des Faschismus zu einer Massenbewegung zu verhindern?

Die angeführten historischen Erfahrungen sprechen eindeutig davon, daß die entscheidende Antwort die Einheit und Geschlossenheit aller demokratischen, antifaschistischen Kräfte ist; daß vor allem die Arbeiterschaft geschlossen auftreten muß, weil nur so das starke Kraftzentrum geschaffen wird, dessen Anziehungskraft die kleinbürgerlichen Schichten, die auch heute noch am anfälligsten sind für faschistische Demagogie, davon abhält, noch einmal die getäuschten und mißbrauchten Sturmtruppen gegen Demokratie und Arbeiterbewegung abzugeben, ein Kraftzentrum, das zum Kern einer unüberwindlichen demokratischen Allianz wird.

Als Bürger der DDR, der mit Besorgnis faschistische Entwicklungen in führenden kapitalistischen Ländern beobachtet, möchte ich sagen: Eine weitere ganz entscheidende Aufgabe besteht darin, in der jungen Generation, die den Faschismus nicht mehr aus eigenem Erleben kennengelernt hat, die die grauenvollen Verbrechen des Faschismus nur aus zweiter Hand, aus Berichten der Älteren kennt, das Wissen um das bestialische Wesen des Faschismus immer wieder erneut zu vermitteln und wachzuhalten, damit der Schwur der Widerstandskämpfer: Nie wieder Faschismus! von Generation zu Generation mit unverminderter Leidenschaft weitergegeben wird und lebendig bleibt.

Eine besonders wichtige Aufgabe ist der unermüdliche Kampf gegen den Antikommunismus und seine gefährlichste Form, den

Antisowjetismus. Antikommunismus und Antisowjetismus waren die schlimmsten Schrittmacher des Faschismus und sind es bis heute geblieben. Der Faschismus und seine Hintermänner benutzen den Antikommunismus, um zu verhindern, daß es zur Einheit aller demokratischen und antifaschistischen Kräfte im Kampf gegen den Faschismus kommt; denn wo die Einheit besteht, hat der Faschismus keine Chance. Wo sie hingegen verhindert oder zerstört wird, kann sogar die geschlagene Reaktion wieder Kräfte sammeln und erneut zu einer tödlichen Bedrohung werden. Deshalb werden die sozialistischen Länder mit der Sowjetunion an der Spitze verteufelt, deshalb werden Kommunisten als Feinde der Demokratie hingestellt und ihrer demokratischen Grundrechte beraubt, werden Sozialdemokraten, Liberale und Christen mit Verfolgung bedroht, die für die Aktionseinheit und das Bündnis mit den Kommunisten eintreten. Deshalb ist aber auch die Bereitschaft zur Zusammenarbeit mit allen Antifaschisten und Demokraten der entscheidende Prüfstein für die Ernsthaftigkeit und Ehrlichkeit von Demokratiebekenntnissen.

Des weiteren gilt es, die Demokratie zu verteidigen, und zwar auch die kleinsten Errungenschaften an Demokratie. Ein ganz entscheidender Abschnitt dieses Ringens ist der Kampf gegen die Berufsverbote. Dieser Kampf geht nicht nur die Kommunisten an; denn erstens werden nicht nur Kommunisten von der Berufsverbotspraxis betroffen, zweitens aber — und das ist viel entscheidender — legt der sogenannte „Radikalenerlaß" die Axt an die verfassungsmäßigen Grundrechte. Die Berufsverbote sind nach dem Urteil vieler Staatsrechtler, die keineswegs Kommunisten sind, verfassungswidrig. Sie schränken die von der Verfassung allen Bürgern gleichermaßen gewährten Rechte ein und erklären Menschen aufgrund ihrer Zugehörigkeit zu legalen Parteien und Organisationen oder auch einfach wegen ihrer politischen Überzeugungen zu Staatsbürgern zweiter Klasse. An diesem Beispiel zeigt sich mit besonderer Eindringlichkeit, daß die demokratischen Kräfte wachsam sein und bleiben, daß sie jedes Stück der so teuer erkämpften Demokratie verteidigen müssen.

Aber um demokratische Rechte erfolgreich zu verteidigen, muß um ihre ständige Erweiterung gekämpft werden, vor allem auf dem Gebiet des Wirtschaftslebens, wo es gilt, eine echte Mitbestimmung der arbeitenden Menschen im Betrieb zu erringen und die unbegrenzte Macht der Monopole zurückzudrängen, und in den Streitkräften. Schließlich ist es von hervorragender Bedeutung, den Kampf um Entspannung verstärkt fortzuführen. Mit der Schlußakte von Helsinki wurde ein großer Erfolg erzielt. Aber wir müssen feststellen, daß gerade nach Helsinki die Gegner der Entspannung sehr viel aktiver geworden sind und daß noch größere Anstrengungen notwendig sind, um die Errungenschaften der Entspannungspolitik zu erhalten, zu festigen und zu erweitern.

Schon jetzt läßt sich feststellen, daß ausgerechnet diejenigen Kräfte, die beste Freundschaft zu den verrufensten reaktionären, rassistischen und faschistischen Regimes in aller Welt, vor allem in Chile und Südafrika, pflegen, die Schlußakte von Helsinki zu einem Mittel der Einmischung in die inneren Angelegenheiten der sozialistischen Länder umzufunktionieren versuchen.

Es tritt immer klarer zutage, weshalb die Monopolpresse und die Massenmedien in den imperialistischen Ländern der Öffentlichkeit die Schlußakte von Helsinki weitgehend vorenthalten haben: Man nutzt die Unkenntnis über die Schlußakte aus, um den Eindruck zu erwecken, als mache der sogenannte „Korb III" ihren ganzen Inhalt aus: Man verliert kein Wort über die zehn Prinzipien, deren Einhaltung die Voraussetzung ist für die Schaffung eines Klimas des Vertrauens, in dem allein allmählich alle Zielsetzungen der Schlußakte mit Leben erfüllt werden können. Das erste dieser zehn Prinzipien lautet: Souveräne Gleichheit und Achtung der der Souveränität innewohnenden Rechte — ein Prinzip, das gegenüber der DDR zu akzeptieren sich die Regierung und das Bundesverfassungsgericht der BRD bis zum heutigen Tag noch nicht voll entschließen konnten, — trotz der Unterschrift des Kanzlers Helmut Schmidt unter dem Dokument von Helsinki. Nicht anders steht es um das Prinzip der Unverletzlichkeit der Grenzen; die Erklärung der Staatsgrenze zwischen der DDR und der BRD zu einer „innerdeutschen" Grenze von der gleichen Qualität wie die Grenzen zwischen den Bundesländern der BRD stellt eine juristische Aggression dar und ist unvereinbar mit dem Geist und Buchstaben der Helsinki-Schlußakte. All dies stellt eine krasse und ständige Verletzung des zehnten Prinzips dar, des Prinzips der Erfüllung völkerrechtlicher Verpflichtungen nach Treu und Glauben; es vergiftet die Atmosphäre und beeinträchtigt selbstverständlich auch die Möglichkeiten der Zusammenarbeit in humanitären und anderen Bereichen, wie sie im dritten „Korb" vorgesehen sind.

Davon aber können nur die Kräfte profitieren, denen die Entspannung ein Dorn im Auge ist, die die Menschheit zurückzerren wollen in die Zeit des Kalten Krieges, in die Zeiten des Balancierens am Abgrund des heißen Krieges, jene Kräfte, an deren Spitze die Neofaschisten stehen.

Um den Faschismus mit den Wurzeln auszurotten, muß die Herrschaft des Monopolkapitals eingeschränkt und überwunden werden. Im Februar 1947 war selbst die Adenauer-CDU dieser Einsicht ganz nahegekommen, als sie in ihr Ahlener Wirtschaftsprogramm schrieb: „Das kapitalistische Wirtschaftssystem ist den staatlichen und sozialen Lebensinteressen des deutschen Volkes nicht gerecht geworden." Die CDU trug ebenfalls den Stimmungen und Wünschen der Bevölkerung und Erfahrungen mit dem Faschismus Rechnung, indem sie im gleichen Programm erklärte, Inhalt und Ziel der sozialen und wirtschaftlichen Neuordnung könne nicht mehr das kapitalistische Gewinn- und Machtstreben, sondern nur das Wohlergehen des Volkes sein, wozu eine „gemeinwirtschaftliche Ordnung" nötig sei. Natürlich diente das Ahlener Programm führenden Kreisen der CDU zur Täuschung der Massen über ihr wahres Ziel, das in der Wiederherstellung der Macht des geschlagenen deutschen Monopolkapitals bestand. Aber dessenungeachtet bleiben die zitierten Feststellungen des Ahlener Programms richtig und aktuell. Es ist allerdings eine Sache der Völker in den kapitalistischen Ländern, darüber zu entscheiden, wann und auf welchem Wege sie darangehen, die Herrschaft des Monopolkapitals zu beenden und damit die Gefahr des Faschismus mit der Wurzel auszureißen. Was heute auf der Tagesordnung steht, ist die Einheit aller Antifaschisten auf der Grundlage eines Programms, das für jeden von ihnen akzeptabel ist, das also kein Parteiprogramm irgendeines der beteiligten Partner sein kann, sondern ein Programm sein muß, das die allen gemeinsamen Interessen zum Inhalt hat.

V. Einzelfragen der Untersuchung des Faschismus und der Strategie des antifaschistischen Kampfes

Zur Frage der Massenbasis

Folgende Frage bedarf noch einer Beantwortung: Wenn die These von der Verantwortung der Massen für die Errichtung der faschistischen Macht nicht stichhaltig ist, so bleibt es doch eine Tatsache, daß viele Millionen Wähler für Hitler gestimmt haben und dem Faschismus somit ermöglicht haben, legal zur Regierung zu gelangen. Wie ist dieser Umstand zu bewerten? Wieso hat der Faschismus gerade in Deutschland einen so großen Massenanhang gewinnen können? Was kann man zu der These sagen, die man manchmal hört, daß dabei der deutsche „Nationalcharakter" eine Rolle gespielt hat?

Selbstverständlich hat die Tatsache, daß der Faschismus in Deutschland einen so großen Massenanhang gewinnen konnte, keine geringe Rolle dabei gespielt, daß es den Kräften des Finanzkapitals, die den Faschismus an die Macht bringen wollten, relativ leicht gelang, dieses Vorhaben in die Tat umzusetzen, und daß sich der Übergang in legalen Formen vollziehen konnte. Als die Kommunistische Partei Deutschlands in ihrem historisch gewordenen Aufruf vom 11. Juni 1945 die Frage stellte, wer die Schuld trägt an den beispiellosen Verbrechen des Naziregimes und an der Katastrophe, in die Deutschland gestürzt worden war, da nannte sie selbstverständlich an erster Stelle die Naziführer und deren imperialistische und militaristische Auftraggeber; aber sie sagte in diesem Aufruf auch: „Nicht nur Hitler ist schuld an den Verbrechen, die an der Menschheit begangen wurden! Ihr Teil Schuld tragen auch die zehn Millionen Deutschen, die 1932 bei freien Wahlen für Hitler stimmten, obwohl wir Kommunisten warnten: ‚Wer Hitler wählt, der wählt den Krieg!'"

Davon ist auch heute nichts zurückzunehmen. Was aber vollkommen klar sein sollte, ist einfach dies, daß man unterscheiden muß zwischen jenen, die von den Faschisten irregeführt, über ihre eigenen Lebensinteressen getäuscht und auf diese Weise für eine Sache eingespannt wurden, die gar nicht ihre Sache war, und jenen anderen, die den Faschismus hochgezüchtet haben, um damit eine neue scharfe Waffe zur Verfolgung ihrer eigenen Klasseninteressen, ihrer imperialistischen innen- und außenpolitischen Ziele zu gewinnen. Wogegen man sich wenden muß sind jene Theorien, die behaupten, der Faschismus sei ein Produkt des Kleinbürgertums, faschistische Ideologie sei kleinbürgerliche Ideologie, faschistische Politik sei die Politik des Kleinbürgertums, und der Faschismus an der Macht sei die Macht des Kleinbürgertums und des Lumpenproletariats. Derartige Theorien sind grundfalsch. Sie dienen nur dazu, von den Kräften abzulenken, die tatsächlich den Faschismus hervor- und an die Macht bringen, von jenen Kräften, deren Macht der Faschismus darstellt. Es ist unbestreitbar, daß, wo immer der Faschismus an die Macht kam, er nirgends etwa eine Politik zugunsten des Kleinbürgertums betrieben hat; ganz im Gegenteil: Überall, wo der Faschismus an die Macht kam, ging es dem Kleinbürgertum ebenso wie den Arbeitern zugunsten des Finanzkapitals an den Kragen, wurde es ökonomisch ausgeplündert und politisch entrechtet wie niemals unter bürgerlich-parlamentarischen Verhältnissen. Deshalb führt der Faschismus an der Macht in aller Regel zu einer raschen Desillusionierung und Enttäuschung seiner bisherigen kleinbürgerlichen Gefolgschaft. Das war auch in Deutschland so, und ein Ergebnis dieser Enttäuschung war die Forderung nach einer „zweiten Revolution", die aus den Reihen der SA immer drohender erhoben wurde und das Regime veranlaßte, den rebellischen kleinbürgerlichen Anhang durch das Blutbad des 30. Juni 1934 und die Entwaffnung der SA durch die Partei-Elitetruppen der SS zur Räson zu bringen. (Um kein Mißverständnis aufkommen zu lassen, muß hier gesagt werden, daß die am 30. Juni 1934 ebenfalls ermordeten Naziführer, wie Röhm und Gregor Strasser, nicht den rebellierenden Kleinbürgern zugerechnet werden können, sondern Opfer von Rivalitätskämpfen innerhalb der Naziclique wurden.)

Im übrigen beweist auch ein genauer Blick auf den Ablauf der Ereignisse vom November 1932 bis zum 30. Januar 1933, daß nicht die Millionen Naziwähler den Ausschlag gaben für die Einsetzung Hitlers als Kanzler, sondern die Millionäre, die Monopolherren und Großgrundbesitzer. Bei den Reichstagswahlen vom 6. November erlitten die Nazifaschisten nämlich eine empfindliche Wahlschlappe; sie verloren auf einen Schlag 2 Millionen Wähler und gingen von 13,7 auf 11,7 Millionen Stimmen zurück. SPD und KPD, die bei den Juliwahlen 1932 zusammengenommen noch über eine halbe Million Stimmen hinter der NSDAP zurücklagen, hatten jetzt zusammen mit 13,2 Millionen über anderthalb Millionen mehr Stimmen und 25 Mandate mehr als die NSDAP erhalten. Die NSDAP war zudem durch innerparteiliche Kämpfe in eine tiefe Krise gestürzt und drohte genauso schnell wieder auseinanderzufallen, wie sie angeschwollen war. Ihre Arbeiterwähler hatten sich zu einem Teil auf die Wanderung nach links begeben, ein Teil ihrer bürgerlichen und kleinbürgerlichen Wähler kehrte zu ihren früheren Parteien, vor allem zur Deutschnationalen Volkspartei, zurück. Diese Partei hatte in den Novemberwahlen gegenüber den Juliwahlen 15 Mandate zu ihren 37 Mandaten hinzugewonnen; die fast auf dem Nullpunkt angelangte Deutsche Volkspartei hatte anstelle der 7 Mandate vom Juli jetzt 11 Mandate erreicht. Diese Tendenzen wurden unterstützt dadurch, daß ganz offenkundig der Tiefpunkt der Krise durchschritten war und mit dem Ende einer weiteren Verschlechterung sich ein — wenn auch sehr gedämpfter — Optimismus im Bürgertum regte. Es war deshalb mit Sicherheit vorherzusehen, daß die NSDAP, wenn sie, ohne an der Regierung beteiligt zu werden, im Jahre 1933 noch einmal einen Wahlkampf bestehen mußte, einer neuerlichen, noch viel empfindlicheren Niederlage entgegengehen würde. Damit wäre aber auch die Rückkehr zur Regierungsbildung aufgrund einer parlamentarischen Mehrheit möglich geworden.

Gerade das aber wollten die reaktionärsten Konzern- und Finanzkreise um jeden Preis vermeiden. Für sie waren die ersten Anzeichen eines beginnenden Verfalls der Nazipartei, für deren Aufstieg sie jahrelang viele Millionen investiert hatten, ein Alarmzeichen, nun nicht länger zu zögern mit der Übertragung der Macht an diese Partei. So erklärt es sich, daß die Bankherren, Großindustriellen und Junker (unter ihnen Hjalmar Schacht, Fritz Thyssen, Friedrich Reinhart, Direktor der Commerz- und Privatbank, Graf v. Kalckreuth, Vorsitzender des Reichslandbundes) gerade jetzt, nach der Wahlniederlage der NSDAP, den Reichspräsidenten v. Hindenburg mit einer Eingabe bedrängten, in der sie verlangten, er solle Hitler zum Kanzler ernennen. Von welchen Überlegungen sie dabei ausgingen, legte einer der Unterzeichner der Eingabe, der Bankier Kurt v. Schröder, später so dar: „Die allgemeinen Bestrebungen der Männer der Wirtschaft gingen dahin, einen starken Führer in Deutschland an die Macht kommen zu sehen, der eine Regierung bilden würde, die lange Zeit an der Macht bleiben würde. Als die NSDAP am 6. November 1932 ihren ersten Rückschlag erlitt und somit ihren Höhepunkt überschritten hatte, wurde eine Unterstützung durch die deutsche Wirtschaft besonders dringend." [17]

Ich denke, wir können uns damit der zweiten Frage zuwenden, der Frage, wieso der Faschismus in Deutschland überhaupt einen so großen Massenanhang gewinnen konnte.

Das ist eine sehr wichtige Frage, und es gibt darüber sehr viele verkehrte Auffassungen. Dazu gehört auch jene, die besagt, ein

Hang zum Faschismus liege in der spezifischen Mentalität der Deutschen, in ihrem Nationalcharakter.

Der deutsche Faschismus und die faschistische Ideologie kamen – wie jeder Faschismus – nicht aus dem Volke, sondern waren eine Ausgeburt des Macht- und Eroberungsdranges des Finanzkapitals und der Großagrarier.

Die Mehrheit des deutschen Volkes hat – solange es noch einigermaßen frei entscheiden konnte – den Faschismus abgelehnt. Auf dem Höhepunkt ihrer Erfolge im Juli 1932 erhielt die NSDAP 37,3 Prozent der Stimmen; die NSDAP und die profaschistische Deutschnationale Volkspartei zusammen erhielten 43,2 Prozent. Demgegenüber hatten die beiden Arbeiterparteien, die linksbürgerliche Demokratische Partei und das Zentrum, zu dessen Wählern viele Millionen katholischer Arbeiter gehörten, zusammengenommen 52,6 Prozent.

Der Faschismus wurde der Mehrheit des deutschen Volkes vom Monopolkapital aufgezwungen. Der äußerlich „legale" Übergang täuscht gar zu leicht darüber hinweg, daß dem 30. Januar 1933 ein jahrelanger erbitterter Kampf der entschlossensten antifaschistischen Kräfte gegen das Vordringen des Faschismus vorausging, ein Kampf, der oft bürgerkriegsähnliche Züge annahm und in dem die deutsche Arbeiterklasse bereits die ersten Opfer des faschistischen Terrors zu beklagen hatte. Allein in den Monaten Juni und Juli 1932 fielen dem Naziterror 86 Menschenleben zum Opfer.[18]

Es ist vielleicht auch notwendig, ins Gedächtnis zurückzurufen, daß gerade Deutschland damals das Hauptkampffeld der weltweiten Auseinandersetzung zwischen Kapitalismus und Sozialismus war, daß die von Ernst Thälmann geführte Kommunistische Partei die stärkste Abteilung der Kommunistischen Internationale in den entwickelten kapitalistischen Ländern war, auf die das klassenbewußte Proletariat der ganzen Welt voller Hoffnung blickte, die jedoch auch vor der überaus schwierigen Aufgabe stand, die vereinten Kräfte der einheimischen Reaktion zu schlagen, welche sich überdies in ihrem Kampf gegen die KPD auf die Assistenz der imperialistischen Westmächte stützen konnten. Lloyd George, ein damals sehr prominenter englischer Politiker, hatte im Juni 1931 dem Alptraum der Weltbourgeoisie Ausdruck verliehen, als er in einer Wiener Zeitung schrieb: „Ich kann mir für Europa, ja für die ganze Welt keine schlimmere Gefahr denken, als ein großes kommunistisches Staatswesen in Mitteleuropa, das von einem der intelligentesten und diszipliniertesten Völker der Welt geleitet und aufrechterhalten wird. Hand in Hand mit Deutschland, . . . würde die Bedeutung der russischen Revolution um das Hundertfache wachsen . . . Beide Länder zusammen würden eine machtvolle Kombination ergeben, und so wäre es für alle Nationen ratsam, zur Abwendung eines solchen katastrophalen Bündnisses die größten Opfer zu bringen." [19]

Man muß sich allerdings vor falschen Schlüssen aus diesen oder ähnlichen Ausführungen führender bürgerlicher Politiker hüten, denn hier wird neben dem Eingeständnis einer Todfeindschaft zum Sozialismus und zur sozialistischen Arbeiterbewegung zugleich ein Alibi aufgebaut. Auch bei linken Kräften findet man manchmal die Fehleinschätzung des Faschismus als einer „präventiven Konterrevolution", mit der einer unmittelbar bevorstehenden Revolution der Arbeiterklasse, die zu einer vollständigen Umgestaltung der Eigentumsverhältnisse führen würde, vorgebeugt werden soll. Wie zum Beispiel Reinhard Opitz in seinem Artikel „Über die Entstehung und Verhinderung von Faschismus" („Das Argument" Nr. 87/1974) zutreffend ausführt und wie die Erfahrungen sowohl in Deutschland als auch heute in Chile belegen, sind jedoch die reaktionärsten Kreise des Monopolkapitals bereits dann mit bürgerlich-parlamentarischen Formen der Regierung unzufrieden und greifen, wenn es ihnen die Umstände möglich und angezeigt erscheinen lassen, zum Faschismus, wenn in dieser oder jener Form ihre Interessen gefährdet erscheinen.

Das Monopolkapital greift beispielsweise unter Umständen bereits dann zum Faschismus, wenn ihm nur so möglich erscheint, „eine Mehrheitsgefolgschaft für einen von ihm beabsichtigten Krieg oder für das Verbleiben in einem bestimmten Militär- und Wirtschaftsbündnis oder auch den Austritt aus einem solchen oder für bestimmte Reformen der Wirtschafts- und Steuergesetzgebung und mitunter auch nur für die Senkung der Arbeitslosenunterstützungssätze" zu finden bzw. zu erzwingen (Opitz, S. 585). In Deutschland stand 1933 keineswegs der Sozialismus auf der Tagesordnung. Jedoch erwiesen sich die sozialistische Arbeiterbewegung ebenso wie die bürgerlich-parlamentarischen Institutionen als Hindernis für die vom Profitstreben bestimmten expansiven Pläne des deutschen Monopolkapitals. Die These von dem Faschismus als „präventive Konterrevolution" ist in der Praxis irreführend, da sie einerseits die faschistische Gefahr verharmlost und andererseits die Fehleinschätzung suggeriert, die Arbeiterbewegung müsse oder solle auf ihre sozialistischen Ziele verzichten, dann gebe es keine faschistische Gefahr. Festgehalten werden muß indes, daß zu den Finanziers und Förderern der NSDAP auch zahlreiche Monopolisten und Unternehmungen außerhalb Deutschlands gehörten, wie der Ölkönig Deterding und der Automobilkönig Ford. Der deutsche Faschismus war eben nicht nur ein Instrument des deutschen Finanzkapitals, sondern er spielte auch, wie Georgi Dimitroff treffend feststellte, die Rolle des Stoßtrupps der internationalen Konterrevolution. Die Niederlage der deutschen Arbeiterklasse in der entscheidenden Auseinandersetzung zwischen den Kräften des Faschismus und des Antifaschismus erklärt sich deshalb a u c h daraus, daß dieser Entscheidungskampf auf deutschem Boden den deutschen Kommunisten zu einem Zeitpunkt aufgezwungen wurde, da sie, und darüber hinaus die ganze kommunistische Weltbewegung, noch nicht über genügend Erfahrungen verfügten, um schon eine diesen Aufgaben voll entsprechende Strategie und Taktik ausgearbeitet zu haben.

Diese Überlegungen sollen nicht in irgendeiner Weise bagatellisieren, daß zu dieser Zeit die Gefolgschaft des Faschismus in Deutschland größer war als in irgend einem anderen Lande. Aber diese Tatsache allein genommen muß ein falsches Bild hervorrufen, weil zugleich auch die revolutionäre Bewegung in Deutschland stärker und organisierter war als in den anderen europäischen Ländern des Kapitals.

In der Geschichte des deutschen Volkes gibt es — wie in der Geschichte jedes Volkes — revolutionäre, aber auch reaktionäre Traditionen; Traditionen, die vom Kampf der Volksmassen geprägt sind, und andere, die den Stempel der herrschenden Ausbeuterklassen tragen. Im deutschen Volk, besonders in der deutschen Arbeiterklasse, gab es große Traditionen der Freundschaft und Solidarität mit den um ihre Freiheit kämpfenden Völkern; denken wir nur an die Begeisterung, mit der in den deutschen Ländern der Aufstand des polnischen Volkes für seine nationale Befreiung von 1830/31 gefeiert wurde, und an die Woge tätiger Hilfsbereitschaft, die nach der Niederschlagung des Aufstandes die Tausende polnischer Emigranten auf ihrem Wege nach Frankreich umgab; oder denken wir an die großartige internationalistische Haltung des deutschen Proletariats im preußisch-französischen Krieg von 1870/71 und an das mutige Bekenntnis des Führers der deutschen Sozialdemokratie, August Bebel, zur Pariser Kommune, das er im Deutschen Reichstag dem Kanzler Bismarck ins Gesicht schleuderte. Hätte es solche Traditionen nicht gegeben und keine deutsche Arbeiterbewegung, die der Erbe aller fortschrittlichen Traditionen war, wo hätten dann auch die Kräfte herkommen sollen, um auf deutschem Boden nach 1945 einen sozialistischen Staat aufzubauen, der heute zur Gemeinschaft aller sozialistischen Länder und Völker gehört?

Natürlich ist es heute besonders schwer, zu begreifen, wieso Millionen Menschen einem Hitler vertrauen und nachlaufen und sich für die barbarischen faschistischen Irrlehren begeistern konnten. Aber nur wenn wir durchschauen, wodurch faschistische Ideologie über die Menschen Gewalt gewinnen kann, können wir ihr erfolgreich entgegenwirken.

Die Geschichte der faschistischen Bewegungen zeigt, daß noch so geschickte faschistische Propaganda von nur sehr begrenzter Wirkung bleibt, solange nicht der Kapitalismus mit seinen Kriegen und Krisen Millionen Menschen ins Elend, in Hoffnungslosigkeit und Verzweiflung stürzt und sie auf diese Weise dafür präpariert, einen wundertätigen Retter, einen Messias zu ersehnen. Dies sind die Zeiten, in denen faschistische Demagogen kometenhaft aufsteigen können.

Das wird ganz deutlich, wenn wir die Entwicklung von 1918—1933 in ihrer Auswirkung auf die Mittelschichten ins Auge fassen. Wir können dann erstens feststellen, daß es kaum ein zweites Land gab, in dem die kleinbürgerlichen Schichten, insbesondere die selbständigen Gewerbetreibenden, die Handwerker, Einzelhändler, Kleinunternehmer, aber auch die Klein- und Mittelbauern, ferner die Angestellten und Beamten, einer so rabiaten Deklassierung ausgesetzt waren wie in Deutschland.

Das begann bereits im Ersten Weltkrieg mit massenhafter Vernichtung mittelständischer Existenzen durch Einziehung und Geschäftsschließungen; das setzte sich in der Inflation fort, durch die das städtische Kleinbürgertum seiner Ersparnisse beraubt wurde, und das kulminierte nach einigen wenigen Jahren hoffnungsvoller Konjunktur im Absturz ins Bodenlose in den Jahren der Weltwirtschaftskrise, von der Deutschland besonders stark in Mitleidenschaft gezogen wurde. Gewiß war die Arbeiterklasse stets noch viel stärker betroffen und in Elend und Not gestürzt als das Kleinbürgertum. Dennoch war der soziale Absturz für das Kleinbürgertum tiefer und schmerzhafter, weil er nicht nur ein Sturz in materielle Not war, sondern einen Abstieg auf der gesellschaftlichen Stufenleiter bedeutete. Für die sozialistische Arbeiterschaft waren die Katastrophen, in die der Kapitalismus sie periodisch stürzte, nur ebenso viele Bestätigungen ihrer Überzeugung von der Notwendigkeit der Ablösung des Kapitalismus durch den Sozialismus. Und selbst in der reformistischen Sozialdemokratie war die Tradition der revolutionären Bebelschen Sozialdemokratie noch so lebendig, daß auch sozialdemokratische Arbeiter die Eigentumslosigkeit des Proletariats an Produktionsmitteln als Voraussetzung für die Erfüllung ihrer Mission als Schöpfer der neuen Gesellschaftsordnung empfanden.

Anders lagen die Dinge beim Kleinbürgertum. Für die bisher Selbständigen bedeutete ihre Werkstatt, ihr Laden, ihr Stückchen

Land viel mehr als eine simple Existenzgrundlage; dieses ihr Eigentum galt ihnen als die Garantie vor dem Absturz aus dem Bürgertum ins Proletariat, d. h. aus einer durch das Eigentum privilegierten Klasse in die „gesichtslose Masse", in den „Bodensatz" der Gesellschaft (ähnliches galt von den Privilegien der Angestellten und Beamten).

Die massenhafte Vernichtung des kleinen Eigentums durch das große, durch das Monopolkapital, hatte deshalb eine höchst widerspruchsvolle Reaktion zur Folge, nämlich einen Radikalismus, der genährt wurde aus Enttäuschung und Zorn über alle Parteien, denen sie bisher ihr Vertrauen geschenkt hatten, und über das „System", das sie in diese Lage gebracht hatte; aus Wut gegen das Großkapital, besonders gegen das große Bankkapital, das sie mit seinen Wucherzinsen erwürgte; aus Verzweiflung über die eigene Ohnmacht und aus wilder Entschlossenheit, jedem zu folgen, der ihnen Rettung vor dem Absturz versprach. Eine solche Mentalität ist natürlich keine nationale, sondern ein soziale, klassenmäßige Eigentümlichkeit. Es ist dies die Mentalität eines Kleinbürgertums, das zwar schon vom Kapitalismus enttäuscht ist und sich von seinen Illusionen über ihn zu befreien beginnt, das aber noch immer befangen ist in seinen Vorurteilen über die Arbeiterbewegung und noch erfüllt von dumpfer Furcht vor dem proletarischen Sozialismus, von dem man ihm eingebläut hat, er bedeute, daß man alle Handwerker, Einzelhändler, alle kleinen Selbständigen enteignen und zur Zwangsarbeit verurteilen würde.

Der erste Faktor, der uns die massenhafte Hinwendung des Kleinbürgertums zu den Faschisten in Deutschland erklärt, ist also das besonders große Ausmaß der Untergrabung der mittelständischen Existenzen durch Krieg, Inflation und Weltwirtschaftskrise.
Ein zweiter Faktor liegt darin, daß die Sozialdemokratische Partei und alle bürgerlichen Parteien außer der NSDAP in den Jahren der Weimarer Republik für kürzere oder längere Zeit Regierungspartei und damit mitverantwortlich waren für die den Mittelstand ruinierende, vom Monopolkapital diktierte Wirtschaftspolitik. Das konnte von der Nazipartei weidlich ausgeschlachtet werden. So hieß es etwa in einem Nazi-Wahlaufruf zu den Novemberwahlen 1932: „Handwerker, Gewerbetreibende, Einzelhändler! . . . Alle diese Parteien . . . haben in den Jahren seit 1918 für den gesamten deutschen Mittelstand nur immer Versprechungen . . . gehabt . . . , die sich als leer und heuchlerisch erwiesen haben und nie eingelöst wurden . . . Einmal an der parlamentarischen Futterkrippe sitzend, vergaßen alle diese Diätenschinder die Rechte ihrer mittelständischen Wählermassen und lieferten Handwerk, Gewerbe

und Einzelhandel auf Gedeih und Verderb den liberalistischen und marxistischen Systemleuten in die Hände, die das deutsche Wirtschaftsleben vernichtet haben ...

Für die Sanierung der Großbanken ... wurden immer neue Riesenbeträge verwendet, während der gewerbliche Mittelstand an den Zinsen für die ihm vom Finanzkapital gewährten geringen Kredite verblutet. Keiner der vielen, so gerne als mittelstandsfreundlich geltenden Parteien haben in all diesen Jahren auch nur das Geringste getan, um dieser für den deutschen gewerblichen Mittelstand verderblichen Entwicklung unserer wirtschaftlichen Verhältnisse eine Schranke zu setzen." [20]

Die Nazis profitierten also davon, daß alle anderen bürgerlichen Parteien in den Augen der Massen kompromittiert waren, daß von ihnen kaum noch eine Anziehungskraft ausging, daß es sehr leicht war, die Unglaubwürdigkeit dieser Parteien und ihrer Versprechungen nachzuweisen. Sie selbst dagegen stellten sich dar als eine neue, unverbrauchte, „saubere" Partei; ihr Führer wurde durch eine von der Großindustrie reichlich finanzierte und in gigantischem Maßstab aufgezogene Propaganda zu einem Wundermann aus dem Volke gemacht, zu einem Messias, der schon durch seinen kometenhaften Aufstieg bewies, daß er zum Retter seines Volkes berufen war. Diese Partei traf mit ihrer Vereinigung von „antikapitalistischer" Demagogie und hypernationalistischen Parolen sehr genau die Bewußtseinslage der radikalisierten Kleinbürger.

Dazu trug ein dritter Faktor ganz wesentlich bei, nämlich das Versailler Diktat, das Deutschland von den Siegermächten nach dem von den beteiligten Staaten für imperialistische Eroberungsziele geführten Ersten Weltkrieg aufgezwungen worden war. Indem die Siegermächte ungeheuerliche Reparationszahlungen auf die Schultern vieler Generationen von Deutschen luden, gleichzeitig aber die Grundlage der Macht der deutschen Imperialisten und Militaristen unangetastet ließen, wurde diesen und ihrem faschistischen Stoßtrupp zum einen ermöglicht, den verletzten Nationalstolz des deutschen Kleinbürgertums zu einem krankhaften Nationalismus hochzupeitschen, und zum anderen, den Versailler Vertrag für alle Lasten und Nöte verantwortlich zu machen, die in Wahrheit das kapitalistische System und die Herrschaft des Finanzkapitals den Volksmassen aufbürdete.

Wenn man das Zusammenwirken dieser genannten drei Faktoren bedenkt, dann muß man zugeben, daß es damals kaum ein zweites Land in der Welt gab, in dem die objektiven Bedingungen so günstig lagen hinsichtlich der Schaffung massenhafter Aufnahmebereitschaft für faschistische Demagogie. Ich möchte fast sagen, bei realistischer Würdigung aller Umstände gibt es weniger Anlaß dazu, sich über die Millionen Naziwähler des Jahres 1932 zu wundern als darüber, daß — von Randschichten abgesehen — sich die deutsche Arbeiterklasse in so hohem Maße als immun erwies gegenüber der raffinierten faschistischen Demagogie.

Dies ganz besonders dann, wenn wir einen vierten Faktor in Rechnung stellen, der zwar ohne die anderen nicht ausgereicht hätte, den Massenzulauf zur Nazipartei zu bewirken, der aber dennoch von ausschlaggebender Bedeutung war, weil ohne ihn den Naziführern alle Mittel gefehlt hätten, um über den Rahmen einer Sekte hinauszuwachsen: die Finanzierung der NSDAP durch das Großkapital und den Großgrundbesitz. Es ist hier nicht der Platz, dafür eine Fülle von Beispielen zu bringen, die überdies in der Literatur nachzulesen sind. Schon 1928/29 erfreute sich die Nazipartei beträchtlicher materieller und moralischer Unterstützung durch mächtige Kreise der Schwerindustrie und durch den Presse- und Filmkönig Hugenberg, der sozusagen der Axel Springer der Weimarer Republik war. Später schlossen sich nahezu alle führenden Banken und Industriemonopole dem Kreis der Finanziers der Nazipartei an. Welche Bedeutung diese Finanzierung durch das große Kapital für die NSDAP hatte, wird aus den folgenden Sätzen eines der bedeutendsten Wirtschaftsjournalisten jener Tage, Gustav Stolper, deutlich, veröffentlicht in seinem Blatt „Der deutsche Volkswirt" in der Nr. 6 vom 11. November 1932, wo er schrieb: „Der Nationalsozialismus in unendlich viel höherem Maße als jede andere Partei lebt von einem ungeheuer ausgedehnten, ebenso komplizierten wie kostspieligen Apparat. Bricht dieser Apparat zusammen, weil er nicht mehr finanziert werden kann, dann bricht mit ihm die Partei selbst zusammen. Denn übrig bleibt ein Haufe unwissender, gewissenloser, kleiner Demagogen, deren Schäbigkeit und Unzulänglichkeit sichtbar wird, wenn sie sich im gewöhnlichen Tageslicht zeigen müssen, nicht mehr im Strahlenkranz der Scheinwerfer und im farbigen Schatten ihres Flaggenwaldes." Mit diesen Ausführungen spricht Stolper eindeutig aus, daß die NSDAP nur deshalb die günstige Disposition breiter Schichten des Kleinbürgertums für sich ausnutzen konnte, weil ihr die riesigen Finanzmittel für den Ausbau eines beispiellos aufgeblähten und beispiellos kostspieligen Apparates von jenen kapitalkräftigen Leuten, „die ihre Hoffnung auf sie setzten", zur Verfügung gestellt wurden.

Faßt man noch einmal knapp die Gründe zusammen, die dem deutschen Faschismus eine stärkere Gefolgschaft verschafften als dem Faschismus in vergleichbaren Ländern, dann läßt sich

feststellen: Die Weltwirtschaftskrise traf das deutsche Kleinbürgertum wuchtiger und verheerender als in vergleichbaren kapitalistischen Ländern, dementsprechend war auch seine Verzweiflung tiefer und seine Verführbarkeit größer als anderswo. In
Deutschland waren die Bedingungen für eine raffinierte Kombination von nationaler und sozialer Demagogie günstiger als in jedem
anderen großen Industrieland. Schließlich war weder in England
noch in Frankreich der Drang der imperialistischen Bourgeoisie
zum Faschismus und damit ihre Unterstützung der faschistischen
Bewegung so stark und hemmungslos wie in Deutschland, was
wiederum damit zusammenhing, daß der deutsche Imperialismus
zur Revanche drängte und, da von der Krise stärker als die anderen betroffen, auch den eigenen Werktätigen größere Lasten auf-
zubürden entschlossen war; für beides brauchte er den Faschismus.

Es kann nun folgende Frage entstehen: Wie kann man erklären,
daß in Deutschland der Faschismus auch nach 1933 immer mehr
Einfluß gewann und sogar erhebliche Teile der Arbeiterklasse für
sich einspannen konnte, während z. B. in Chile heute zu beobach-
ten ist, daß die von Anfang an schmale Massenbasis des Faschismus ständig abnimmt, die Illusionen über den Faschismus immer
mehr schwinden, je länger seine Diktatur dauert?

Man muß zwei entscheidende Faktoren nennen, die beide bewirk-
ten, daß die Nazipropaganda dem deutschen Volke vorgaukeln
konnte, Hitler sei wirklich imstande, Wunder zu vollbringen.

Erstens: Der deutsche Faschismus wurde vom Monopolkapital zu
einem Zeitpunkt an die Macht gebracht, da die Weltwirtschaftskrise zu Ende ging. Das war ein außerordentlich günstiger Mo-
ment für den Faschismus, weil er die Überwindung der Krise nun
auf sein Konto buchen konnte. Dazu kam, daß in Deutschland
durch die Kriegsvorbereitung an die Stelle von Massenarbeits-
losigkeit nach wenigen Jahren ein Arbeitskräftemangel trat. Die
Tatsache, daß schon nach drei Jahren nahezu acht Millionen Arbeitslose wieder Arbeit erhalten hatten, war von gar nicht zu
überschätzender Bedeutung für die Veränderung der Massen-
stimmung zugunsten des Faschismus. Dies um so mehr, als vorher
in der Arbeiterschaft die Überzeugung vorgeherrscht hatte, daß
Hitler mit der Arbeitslosigkeit ebensowenig fertig werden würde
wie seine Vorgänger.

Wahrscheinlich muß man selbst die Auswirkungen einer jahrelan-
gen Massenerwerbslosigkeit miterlebt haben, um verstehen zu
können, welch ein Prestigegewinn dem Naziregime aus der Überwindung der Arbeitslosigkeit zufloß. Man muß sich vor Augen hal-

ten, daß vier Jahre lang viele Millionen Erwerblose — 1932 waren es mit Familienangehörigen mehr als 20 Millionen — in Deutschland einfach nicht mehr wußten, wie sie weiterleben sollten; denn der Höchstsatz der Arbeitslosenunterstützung betrug im Frühjahr 1932 pro Woche nach amtlichen Angaben 18,90 Mark, der niedrigste 5,60 Mark.[21] Diese Sätze erhielt ein Arbeitsloser jedoch nur 20 Wochen, danach wurde er in die Krisenunterstützung eingereiht, deren Sätze noch niedriger lagen; nach weiteren 38 Wochen Arbeitslosigkeit wurde er „ausgesteuert" und erhielt nur noch Wohlfahrtsunterstützung, die noch erheblich unter der Krisenunterstützung lag, da sie von den Gemeinden getragen werden mußte, die Gemeindekassen aber leer waren. Die Sätze, die ich nannte, wurden später unter der Papen-Regierung nochmals gekürzt. Von diesen Beträgen zu leben war unmöglich; je länger die Krise dauerte, um so steiler stieg folglich die Kriminalitäts- und die Selbstmordkurve an.

Als dann ab 1933/34 die Arbeitslosigkeit abnahm, spielte die Überlegung, daß dies durch Arbeit für die Kriegsvorbereitung bewirkt war, schon keine entscheidende Rolle mehr: Während die Kommunisten unermüdlich gegen die korrumpierende Wirkung der faschistischen „Arbeitsbeschaffung" ankämpften, gab sich ein so bekannter sozialdemokratischer Funktionär wie der langjährige Reichstagspräsident Paul Löbe dazu her, diese Wirkung noch zu verstärken. In einem Interview, das in der Nazipresse weite Verbreitung fand, erklärte er einem belgischen Korrespondenten gegenüber, er sei „objektiv genug, zuzugeben, daß die neuen Führer Deutschlands mit schönem Ungestüm Probleme in Angriff genommen" hätten, die sie, die Sozialdemokraten, nicht hätten lösen können. Löbe sagte weiter: „Wenn es der neuen Regierung gelänge, sechs Millionen Arbeitslose wieder einzustellen, so wäre das eine Heldentat, die mir Achtung abnötigen würde."[22] Die Warnungen der Kommunisten, Hitlers „Arbeitsbeschaffung" führe zum Krieg, wurden um so leichter in den Wind geschlagen, als ja Hitler bis 1938 keine Rede hielt, in der er nicht seinen Friedenswillen beteuerte und erklärte, Deutschland rüste nur, um den Frieden zu erhalten und mit den anderen Großmächten gleichzuziehen.

Damit sind wir schon beim zweiten Faktor, dem der deutsche Faschismus die Möglichkeit einer Erweiterung seiner Massenbasis verdankte: bei seiner scheinbar so überaus erfolgreichen Außenpolitik.

Das imperialistische Friedensdiktat von Versailles gab dem deutschen Faschismus die Möglichkeit, die ersten Schritte seines Revanche- und Expansionsprogramms zu tarnen als Schritte zur Beseitigung von Unrecht, das der deutschen Nation von den Siegermächten angetan worden war, als Schritte zur Erringung der vollen nationalen Gleichberechtigung Deutschlands. Die große Mehrzahl des deutschen Volkes begrüßte die Rückkehr des Saargebietes zu Deutschland zu Beginn des Jahres 1935, die Einführung der allgemeinen Wehrpflicht im März 1935, die Besetzung der entmilitarisierten Rheinlandzone durch deutsche Truppen im März 1936, die Annexion Österreichs im März 1938 mit großer Genugtuung als Verwirklichung selbstverständlicher nationaler Forderungen. War nicht die Wehrpflicht und die Wehrhoheit über alle Gebiete eines Staates ein wichtiges Merkmal voller nationaler Souveränität? Hatten nicht die Deutschösterreicher schon gleich nach dem Ersten Weltkrieg mit überwältigender Mehrheit in einer Volksabstimmung für den „Anschluß" gestimmt? Und hatten nicht alle Regierungen vor Hitler die gleichen Ziele verfolgt?

Kommunisten und andere Antifaschisten traten von Anfang an dieser betörenden nationalen Demagogie entgegen und warnten, jeder einzelne dieser Schritte diene einzig und allein der Kriegsvorbereitung. Wie aber sollten die Massen des deutschen Volkes diese Demagogie durchschauen, wenn sogar die sozialdemokratische Reichstagsfraktion Hitlers außenpolitischen Zielen ihre Zustimmung gab? Am 17. Mai 1933 hatte sie einer Entschließung zugestimmt, die folgenden Wortlaut hatte: „Der Deutsche Reichstag als die Vertretung des deutschen Volkes billigt die Erklärung der Reichsregierung — (d. h. Hitlers!) — und stellt sich in dieser für das Leben der Nation entscheidenden Schicksalsfrage der Gleichberechtigung des deutschen Volkes geschlossen hinter die Regierung." [23]

Der Prestigegewinn für das Naziregime wurde noch dadurch erhöht, daß die Hitlerregierung scheinbar mühelos erreichte, worum die Regierungen der Weimarer Republik mit den Siegermächten viele Jahre lang vergeblich verhandelt hatten und dabei immer erneute Demütigungen hatten einstecken müssen. Hitler fragte nicht erst lange bei den Westmächten an, sondern stellte sie vor vollendete Tatsachen. Es mußte der Masse der Deutschen wie ein Wunder erscheinen, daß die gleichen Westmächte, die 1923 wegen weit geringerer Verletzungen des Versailler Vertrages mit Sanktionen gedroht und schließlich das Rhein-Ruhrgebiet besetzt hatten, jetzt die ständigen Backenstreiche, die ihnen die Hitlerregierung versetzte, nicht nur widerstandslos einsteckten, sondern geradezu mit Ermunterungen für weitere Streiche beantworteten, wie z. B. mit dem britisch-deutschen Flottenabkommen von 1935 und dem schändlichen Münchener Abkommen von 1938.

Wie im Falle der Beseitigung der Arbeitslosigkeit erschien auch auf dem Felde der Außenpolitik Hitler als ein Mann, der Wunder wirken konnte, Wunder, die vorher jeder für ganz ausgeschlossen gehalten hatte.

Aber natürlich handelte es sich weder im einen noch im anderen Falle um Wunder und auch nicht um Hitlersche Staatskunst, sondern darum, daß der deutsche Faschismus nicht nur das Instrument des deutschen Finanzkapitals, sondern darüber hinaus der Stoßtrupp des Weltimperialismus gegen die Sowjetunion war. Deshalb ließ man Nazideutschland ungestört aufrüsten, deshalb nahm man die Zerreißung des Versailler Vertrages, die Einführung der allgemeinen Wehrpflicht, die Remilitarisierung des Rheinlandes und die Annexion Österreichs hin und gab dem unersättlichen deutsch-faschistischen Imperialismus auch noch Teile der Tschechoslowakei preis. Dabei wäre es noch 1936 ein leichtes gewesen, das faschistische Deutschland in seine Schranken zu weisen und zur Einhaltung abgeschlossener Verträge zu zwingen.

Die deutsche Planung der Besetzung des entmilitarisierten Rheinlandes sah z. B. vor, daß die Truppen sofort zurückzuziehen seien im Falle von Offensivmaßnahmen auf französischer Seite. Man stelle sich einmal vor, welch ein Rückschlag für das Renommee des Faschismus und Hitlers ein solcher Rückzieher gewesen wäre! Weil aber die Westmächte das faschistische Deutschland gerüstet und stark genug sehen wollten gegen die Sowjetunion, deshalb konnten sie nicht gegen seine Aufrüstung einschreiten, deshalb waren sie auch nicht an einer Schwächung des Ansehens des Hitlerregimes ernsthaft interessiert. Sie trugen umgekehrt ganz wesentlich dazu bei, dieses Ansehen ins Ungemessene zu steigern. Man braucht z. B. nur daran zu denken, daß der Premierminister des britischen Weltreiches, der alte Chamberlain, in den Tagen vor München mehrfach die strapaziöse Flugreise nach Deutschland auf sich nahm, um sich mit dem faschistischen Diktator zu treffen. Im Nürnberger Prozeß gegen die Hauptkriegsverbrecher konnte Hjalmar Schacht deshalb unverfroren die westlichen Anklagevertreter verhöhnen, als er heuchlerisch erklärte, für ihn, Schacht, sei es geradezu eine Enttäuschung gewesen, „daß auf die Aufrüstung Deutschlands von der anderen Seite her überhaupt nichts erfolgte". Man habe sich mit Protesten begnügt, aber sonst nicht das leiseste getan. Statt dessen habe man sogar durch das Flottenabkommen mit Großbritannien Deutschland das Recht erteilt, entgegen dem Versailler Vertrag aufzurüsten. Und zum Münchener Abkommen erklärte Schacht, München sei geradezu ein Geschenk für Hitler gewesen; wörtlich

— und leider zutreffend — sagte er: „In München wurde ihm von den Alliierten die Abtretung des sudetendeutschen Landes auf dem Präsentierteller überreicht." [24]

Fassen wir zusammen: Die ideologischen Eroberungen, die dem deutschen Faschismus nach seinem Machtantritt im deutschen Volke gelangen, waren ganz entscheidend den scheinbaren Erfolgen faschistischer Politik geschuldet, Erfolgen, von denen wir heute sagen können, daß sie nur möglich waren aufgrund einer einmaligen, nicht wiederkehrenden Konstellation imperialistischer Weltpolitik und Weltwirtschaft, nämlich dem Herauskommen aus der bisher tiefsten Krise der kapitalistischen Weltwirtschaft und der Vorbereitung des Weltimperialismus auf den lange geplanten Kreuzzug gegen die sozialistische Sowjetunion, bei dem Deutschland die Hauptrolle zugedacht war.

Demgegenüber ist die Weltlage und die Lage in jedem einzelnen kapitalistischen Lande, darunter auch in Chile, heute ganz anders. Erstens befand sich die kapitalistische Welt 1973, als der chilenische Militärfaschismus sich an die Macht schoß, nicht, wie 1933, am Ende einer großen Krise und am Beginn eines neuen Konjunkturaufschwungs, sondern befindet sich umgekehrt am Ende einer langandauernden Aufstiegsphase und am Beginn einer langandauernden Phase wirtschaftlicher Krisen und Stagnation. Damit ist der Pinochet-Clique weitgehend die Möglichkeit genommen, die Massen mit wirtschaftlichen Erfolgen zu korrumpieren. Im Gegensatz zum Hitlerfaschismus kann der chilenische Faschismus der Masse des Volkes nur immer größeres Elend, wachsende Inflationsraten und steigende Arbeitslosigkeit bescheren.

Was die nationale Demagogie angeht, der die deutschen Faschisten in so großem Maße ihre ideologischen Eroberungen verdankten, so ist auch hier die Lage für die Pinochet-Faschisten völlig anders: Die Regierung der Unidad Popular hatte mit der Nationalisierung des chilenischen Kupfers und der wichtigsten Yankee-Firmen das Fundament gelegt für die politische und wirtschaftliche Unabhängigkeit der chilenischen Nation.

Im Gegensatz zu den Nazifaschisten mußte sich Pinochet von Anfang an als Verräter an den nationalen Interessen des Volkes entlarven, indem er die Reichtümer des Landes wieder den fremden Ausbeutern, dem Yankee-Imperialismus, auslieferte.

Es sind also vor allem die Unterschiede in den objektiven Bedingungen im Deutschland der 30er Jahre und im Chile der 70er Jahre, die die Hauptursache dafür bilden, daß der deutsche Faschismus zunächst in den Massen eine wachsende Unterstützung fand, die von Anfang an schwache Massenbasis des chilenischen Faschismus dagegen immer mehr abbröckelt.

Zweifelsohne muß man zusätzlich noch erklären, warum die Unterstützung durch die Massen dem deutschen Faschismus aber auch dann noch erhalten blieb, als er keine Erfolge mehr aufzuweisen hatte, sondern der offenkundigen Niederlage entgegenging.

Es gehört zu den bedrückendsten und auf den ersten Blick unbegreiflichsten Tatsachen, daß das deutsche Volk im Zweiten Weltkrieg nicht die Kraft fand, wenigstens in letzter Minute noch einen eigenen Beitrag zu seiner Befreiung vom Faschismus beizusteuern, sieht man ab vom Kampf der antifaschistischen Widerstandskämpfer.

Natürlich spielen hier viele Faktoren mit. Der entscheidende ist wohl, daß die deutschen Monopolherren aus dem Ersten Weltkrieg die Lehre gezogen hatten, rechtzeitig alles zu tun, um einen revolutionären Ausbruch wie etwa die Novemberrevolution von 1918 zu unterbinden. Dies wurde zur Hauptaufgabe der faschistischen Partei im Kriege. In diesem Sinne erklärte Hitler nach der Entfesselung des Zweiten Weltkrieges, ein 1918 werde sich nicht wiederholen. Alle Maßnahmen faschistischer Innenpolitik wurden immer mit Blick auf diese Aufgabe ergriffen. Vor allem bedeutete dies, den Terror so zu steigern, daß selbst bei starker Unzufriedenheit die Massen zur Aktion unfähig bleiben würden aus Mangel an Führungskräften. Dazu wurde sofort bei Kriegsbeginn der Terrorapparat ausgebaut durch Schaffung des Reichssicherheitshauptamtes und Vergrößerung der Zahl der Konzentrationslager. Durch eine sorgfältig vorbereitete Aktion wurden bei Kriegsbeginn schlagartig 2000 kommunistische Funktionäre verhaftet.

Am 3. September 1939 wurde durch einen Runderlaß über die „Grundsätze der inneren Staatssicherheit während des Krieges" verfügt: „Jeder Versuch, die Geschlossenheit und den Kampfeswillen des deutschen Volkes zu zersetzen, ist rücksichtslos zu unterdrücken. Insbesondere ist gegen jede Person sofort durch Festnahme einzuschreiten, die in ihren Äußerungen am Siege des deutschen Volkes zweifelt oder das Recht des Krieges in Frage stellt." In einer Durchführungsverordnung wurden Sabotageversuche, „Aufwiegelung oder Zersetzung von Heeresangehörigen" sowie aktive kommunistische oder marxistische Betätigung mit dem Tode bedroht; das Abhören fremder Rundfunkstationen wurde zunächst nur mit Zuchthaus, später ebenfalls mit dem Tode geahndet.[25]

Solange die Wehrmacht von Sieg zu Sieg eilte, brauchte sich die Naziführung allerdings um die Stimmung an der „inneren Front" kaum Sorgen zu machen, um so mehr jedoch nach dem Überfall auf die Sowjetunion, nach dem Scheitern des „Blitzkrieges", besonders aber nach der Niederlage von Stalingrad. Nun aber wurde die Wirkung des Terrors durch einen anderen Faktor ergänzt und vielleicht sogar noch übertroffen, den ein ausländischer Beobachter, der Schweizer René Juvet, der bis 1943 in Deutschland lebte, wie folgt beschreibt: „Die Wirkung gerade dieser Berichte (über Vernichtungsaktionen der SS und deutscher Truppen in der Sowjetunion, K. G.) auf die Heimat war aber, daß nun doch weite Kreise die Vergeltung zu fürchten begannen, selbst jene, die so abgestumpft waren, daß sie die moralische Seite dieser Dinge völlig kühl ließ . . . Aber die Parteipropaganda brachte das unwahrscheinliche Kunststück fertig, auch diese Dinge . . . für sich einzuspannen: Gerade um dieses Kontos willen, das da zu unseren Lasten aufgelaufen ist, müssen wir durchhalten, hieß es; denn es ist ja gar nicht auszudenken, wie sich die Russen an uns rächen würden, wenn sie den Krieg gewännen. Und diese Parole war einleuchtend. So entstand das Paradoxon: Je schlechter die Kriegslage wurde, um so grausamer wurden die Exekutionen im östlichen Etappengebiet, um so größer wurde die Angst in Deutschland, um so stärker das Argument, daß der Krieg um jeden Preis gewonnen werden müsse." [26]

Im Zusammenhang mit der Niederlage des faschistischen Deutschland in Stalingrad kommt Juvet noch einmal auf diesen Tatbestand zurück: „Wäre Deutschland eine ähnliche Niederlage im Jahre 1940 zugefügt worden, so hätte sie vermutlich das Ende des Krieges bedeutet . . . so aber kam noch die Furcht vor der Vergeltung dazu. Man hörte häufig sagen: Wenn Deutschland verliert, werden alle Deutschen umgebracht, also müssen wir auch die kleinste Siegeschance ausnutzen, damit wenigstens ein Teil von uns den Krieg überlebt." [26]

Aus dieser Furcht entstand, wie Juvet richtig beobachtete, der verzweifelte Wunderglaube bei Millionen Deutschen: „Daß diese Möglichkeiten objektiv sehr klein geworden waren, wurde allgemein zugegeben, aber man glaubte einfach an das Wunder. Nie wurde die Lage Preußens im Siebenjährigen Krieg unter Friedrich dem Großen so oft zitiert wie damals. Man unterließ freilich zu sagen, daß die unbestreitbare militärische Genialität und seine unerhörte Ausdauer es nicht allein waren, die den König damals gerettet haben, sondern die Umkehr der russischen Bajonette nach dem Tode der Kaiserin Elisabeth. Aber wer weiß, ob nicht insgeheim auch ein ähnliches Wunder heute einkalkuliert wurde?" [26] Als Juvet dies niederschrieb — noch während des Krieges —, konnte er nur ahnen, nicht wissen, daß die politische und militärische Führung in Deutschland in der Tat auf ein „ähnliches Wunder", nämlich den Zerfall der Antihitlerkoalition, hoffte und den Tod des amerikanischen Präsidenten Roosevelt am 4. April 1945 als die vermeintliche Erfüllung ihrer Hoffnungen bejubeln würde, womit sie aber nur erneut ihre völlige Unfähigkeit bewies, die Realitäten gebührend zu bewerten, in diesem Falle den Unterschied zwischen Kabinettskriegen des 18. und Volkskriegen des 20. Jahrhunderts, wie es der Krieg der Antihitlerkoalition gegen die faschistischen Mächte einer war.

Festzuhalten bleibt, daß die Furcht vor Vergeltung für die Verbrechen der faschistischen Kriegsführung neben dem grenzenlosen Terror der Faschisten gegenüber jeglicher antifaschistischer Regung der stärkste Faktor zur Verhinderung einer breiten aktiven Bewegung im deutschen Volke zur Selbstbefreiung vom Faschismus war.

„Export" des Faschismus?

Schließlich soll noch dies Problem betrachtet werden: Kann es einen „Export" des Faschismus geben? Welche Rolle spielt in unserer Zeit der USA-Imperialismus bei der Errichtung faschistischer Regime? [27]

Wenn unter Faschismus-Export verstanden wird, daß in irgendein Land der Faschismus von außen hineingepflanzt wird, ohne daß es im Innern des Landes Kräfte gibt, auf die er sich stützen kann, dann muß man offenbar die Frage verneinen. In einem solchen Falle müßte dasjenige Land, das den Faschismus „exportieren" wollte, die Macht selbst ausüben; es handelte sich aber dann im Grunde um ein Besatzungsregime.

Mit Berechtigung kann man vom Export des Faschismus nur dann sprechen, wenn der Faschismus einem Lande von einem anderen aufgezwungen wird, gestützt auf Teile der herrschenden Klassen dieses Landes, die ihrerseits danach trachten, sich die nach Demokratie strebenden Volksmassen und die für den Sozialismus kämpfende Arbeiterbewegung mit Hilfe einer faschistischen Diktatur zu unterwerfen, deren Kräfte aber dazu ohne Unterstützung von außen nie ausreichen würden. Das erste Beispiel dieser Art lieferten Hitler-Deutschland und Mussolini-Italien in Spanien. Kennzeichnend für dieses Beispiel war, daß dort der Faschismus-„Export" auf dem Wege einer militärischen Intervention erfolgte.

Ein anderes Beispiel des Faschismus-Exportes ist Chile. Hier erfolgte der „Export" jedoch nicht durch direkte militärische Intervention, sondern durch eine Kombination verschiedener Mittel, von ökonomischer Unterminierung, außenpolitischem Druck bis zur Organisierung und Fernsteuerung einer Verschwörung innerhalb der Streitkräfte gegen die Unidad-Popular-Regierung und bis zur Ausrüstung der Verschwörer mit Bewaffnung und mit Geld für die Schaffung der günstigsten inneren Voraussetzungen für einen erfolgreichen faschistischen Putsch.

Damit stellt sich die Frage nach der Rolle des USA-Imperialismus bei der Errichtung faschistischer Regime in der Gegenwart. In den dreißiger und vierziger Jahren bis zur Zerschlagung der Achsenmächte war Deutschland das Zentrum der Unterstützung für den Faschismus in allen Ländern. In unserer Zeit geht die Gefahr eines „Faschismus-Exports" vor allem vom USA-Imperialismus und von ihm geführten aggressiven Militärpakt-Organisationen, vor allem bestimmten Kreisen der NATO, aus. USA und NATO hatten ihre Hände im Spiel bei der Errichtung des Obristenregimes in Griechenland, ihnen vor allem verdankte die Franco-Diktatur in Spanien und die Salazar-Caetano-Diktatur in Portugal ihre Langlebigkeit. Durch direktes oder auch indirektes Eingreifen der USA entstanden die meisten der lateinamerikanischen Diktaturen, insbesondere die Pinochet-Diktatur in Chile. Dies unterstreicht noch einmal, daß die Hauptgefahr des Faschismus nicht von den kleinbürgerlichen Massen, sondern vom Imperialismus, vom Monopolkapital, ausgeht.

Quellenhinweise

1 Erwin Könnemann, Brigitte Berthold und Gerhard Schulze, Arbeiterklasse siegt über Kapp und Lüttwitz, Akademie-Verlag, Berlin 1971.

2 Jacques Duclos, Memoiren I, 1896—1939, Dietz Verlag, Berlin 1972, S. 330 ff.; Heinz Köller/Bernhard Töpfer, Frankreich, Ein historischer Abriß, Teil 2, Heinz Köller, Von Ludwig XIII. bis zur Gegenwart, VEB Deutscher Verlag der Wissenschaften, Berlin 1973, S. 295 ff.

3 Der Freiheitskampf des spanischen Volkes und die internationale Solidarität. Dokumente und Bilder zum national-revolutionären Krieg des spanischen Volkes 1936—1939, Dietz Verlag, Berlin 1956, S. 19.

4 Geschichte des Zweiten Weltkrieges 1939—1945 in zwölf Bänden, Zweiter Band: Am Vorabend des Krieges, Militärverlag der Deutschen Demokratischen Republik, Berlin 1975, S. 32 (Übers. a. d. Russischen).

5 Reinhard Kühnl, Rainer Rilling, Christine Sager, Die NPD. Struktur, Ideologie und Funktion einer neofaschistischen Partei, Suhrkamp Verlag, Frankfurt/Main 1969, S. 71.

6 Zit. nach Reinhard Kühnl (Hrsg.), Texte zur Faschismusdiskussion. Positionen und Kontroversen, Rowohlt Taschenbuchverlag, Reinbek bei Hamburg 1974, S. 193.

7 Kampf dem Neofaschismus. Einführungsreferate, gehalten auf dem Europäischen Treffen gegen Neonazismus und Neofaschismus, herausgegeben von der Internationalen Föderation der Widerstandskämpfer (FIR), Wien (o. J.), S. 18 f.

8 Neofaschismus in Italien, Wien 1971, S. 58.

9 Kampf dem Neofaschismus, a. a. O., S. 26 f.

10 Franzis L. Carsten, Der Aufstieg des Faschismus in Europa, Europäische Verlagsanstalt, Frankfurt/Main 1968, S. 65.

11 Ebenda, S. 75.

12 Ernst Deuerlein, Der Hitlerputsch, Bayerische Dokumente zum 8./9. November 1923, Deutsche Verlags-Anstalt, Stuttgart 1962.

13 Reinhard Kühnl, Der deutsche Faschismus in Quellen und Dokumenten, Pahl-Rugenstein Verlag, Köln 1975, S. 209.

14 Ebenda, S. 207 f.

15 W. I. Lenin, Der streitbare Militarismus und die antimilitaristische Taktik der Sozialdemokratie, in: W. I. Lenin, Werke, Bd. 15, Dietz Verlag, Berlin 1963, S. 187.

16 Karl Liebknecht, Militarismus und Antimilitarismus, in: Karl Liebknecht, Gesammelte Reden und Schriften, Band I, Dietz Verlag, Berlin 1958, S. 254.

17 Reinhard Kühnl, Der deutsche Faschismus in Quellen und Dokumenten, a. a. O., S. 174.

18 Geschichte der deutschen Arbeiterbewegung (GdA), Bd. 4, Dietz Verlag, Berlin 1966, S. 348.

19 Zentrales Staatsarchiv Potsdam (ZStAP), Reichsarbeitsministerium, Bd. 6545, Bl. 114.

20 Kühnl, S. 101 ff.

21 ZStAP, Büro des Reichspräsidenten, Bd. 185, Bl. 246 ff.

22 Rundschau über Politik, Wirtschaft und Arbeiterbewegung, Basel 1934, S. 545.

23 Cuno Horkenbach (Hrsg.), Das Deutsche Reich von 1918 — Heute, Berlin 1935, S. 226.

24 Internationaler Militärgerichtshof Nürnberg, Der Prozeß gegen die Hauptkriegsverbrecher, Bd. XII, S. 523 f., 580.

25 GdA, Bd. 5, S. 527; Deutschland im Zweiten Weltkrieg, Bd. 1, Berlin 1975, S. 191 ff.

26 René Juvet, Ich war dabei. 20 Jahre Nationalsozialismus 1923—1943. Tatsachenbericht eines Schweizers, Zürich/New York 1944, S. 128, 138.

27 Siehe dazu auch: Gert Hautsch, Faschismus und Faschismusanalysen. Zur Auseinandersetzung mit einigen Theorien und Pseudotheorien. Antifaschistische Arbeitshefte 12, Röderberg-Verlag, Frankfurt am Main 1974, S. 57 ff.

Horst Stuckmann:

Rechtsentwicklung und Neofaschismus in der BRD*

Die beiden Begriffe Rechtsentwicklung und Neofaschismus meinen Verwandtes und doch voneinander Unterschiedenes. Darum sind sie nicht miteinander zu vermischen, wohl aber aufeinander zu beziehen. Aktuell für die bundesdeutsche Situation bedeutet das: Es läßt sich eine deutliche Entwicklung nach rechts generell konstatieren, aber noch nicht eine neofaschistische. Im einzelnen jedoch befördert die Rechtsentwicklung auch neofaschistische Tendenzen. Nur sind sie noch nicht dominierend. Dies zu erkennen, ist für den antifaschistischen Kampf wichtig. Unter den bundesdeutschen Bedingungen richtet er sich gegen die Möglichkeit, daß die Rechtsentwicklung in den Neofaschismus umschlägt. Positiv gewendet bedeutet das: Aufgabe des Antifaschismus ist es, alle Bestrebungen für eine Ausweitung und Vertiefung der Demokratie zu unterstützen. Denn darin liegt die Gefahr der Rechtsentwicklung: Durch die fortgesetzte Reduzierung der Demokratie wird die Demokratie funktionsunfähig gemacht und unter Beibehaltung ihrer Erscheinungsformen wie Wahlen, Parlament, formale Gewaltenteilung ihres Wesens beraubt.

I.

Die reduzierte Demokratie ist allemal Ausdruck für die Herrschaft der Exekutive. Das war der Zustand, in dem sich die Weimarer Republik seit 1929 befand. Noch wählte der Bürger das Parlament, aber er konnte dadurch kaum noch Entscheidungen herbeiführen oder auch nur beeinflussen. Entscheidungen wurden von der Exekutive an ihm vorbei getroffen. Eine ähnliche Entwicklung kann heute beobachtet werden. Dafür ist das „Kontaktsperrengesetz" ein bezeichnendes Beispiel. Die Zweckrichtung dieses Gesetzes ist dabei nicht einmal so interessant. Viel wichtiger ist, daß sich damit die Exekutive durchgesetzt hat, die klassische Gewaltenteilung aufgehoben ist, der einzelne nicht mehr, wie es liberalem Demokratieverständnis entspräche, dem Staat vorgeordnet, sondern untergeordnet wird. Auch der gegen ein-

* Für den Druck geringfügig veränderte Fassung eines Vortrages, gehalten in der Wochenschule der VVN/Bund der Antifaschisten in Springen (Taunus) am 17. Oktober 1977.

zelne Abgeordnete angewandte Druck, sich den Vorlagen der Regierung zu beugen, weist darauf hin, daß die Stunde der Exekutive gekommen ist. Die proklamierte Regierungsfähigkeit der SPD/FDP-Koalition zur obersten Norm politischen Handelns läßt die Demokratie in der Konzeption des Grundgesetzes verkümmern.

Wo aber die Demokratie sich nicht weiterentwickeln kann, wo sie vielmehr in ihren Möglichkeiten beschnitten wird, kann der Übergang zu offen faschistischen Herrschaftsformen vorbereitet werden. Auch das hat sich gegen Ende der Weimarer Republik gezeigt. Die Demokratie mußte nicht mehr erobert und zerstört werden, sie war bereits so weit ausgehöhlt, zur Fassade geworden, daß der Faschismus sie legal übernehmen konnte.

II.

Es war nach 1945 nur folgerichtig, daß sowohl die Alliierten als auch die wiedererstandenen deutschen Parteien nicht nur den Faschismus ein für allemal überwinden, sondern auch schon seine Vorformen verhindern wollten.

Die Demokratie sollte, durchaus pluralistisch, die einzige Form des politischen Lebens werden. Darauf zielte das Potsdamer Abkommen, darauf waren die ersten Aufrufe und Programme der Parteien und Gewerkschaften angelegt. Damit das erreicht werden konnte, sollte auch der Humusboden für den Faschismus und seine antidemokratischen Vorformen ausgetrocknet werden. Ökonomische Macht, konzentriert bei wenigen, sollte unmöglich werden. Das Wissen darum, in wessen Auftrag der Faschismus installiert wurde und herrschte, war damals Gemeingut bei den Alliierten, bei den Parteien, aber auch bei großen Teilen des Volkes. Darum auch wurde in den ersten Jahren nach 1945 keine Rechtspartei, auch keine konservative Partei, zugelassen. Die CDU/CSU war damals noch nicht konservativ im strengen Sinn. Auch sie war auf eine lebendige, sich ausdehnende Demokratie verpflichtet; der antifaschistische Grundgedanke war bei ihr unverkennbar vorhanden.

Erst der Kalte Krieg, beginnend 1947, ließ die Situation umkippen. Der Bruch innerhalb der Antihitlerkoalition, verbunden mit der Frontstellung des Westens gegen die Sowjetunion, gab rechten Strömungen in der Politik wieder Raum. Wurde von den westlichen Alliierten Position gegen den Sozialismus, generell also gegen eine linke Ausprägung der politischen und gesellschaftlichen Strukturen, bezogen, mußten sich die Rechten, von konservativen bis zu faschistischen Kräften, bestätigt und neu legitimiert fühlen. Das alte Feindbild, das ja das der Rechten eigene war, stimmte wieder.

III.

Für die Konzeption der Demokratie in der entstehenden Bundesrepublik wurde diese Entwicklung noch nicht sofort festgeschrieben. Wohl aber war die von den Westalliierten kommandierte Teilung Deutschlands und Gründung des Separatstaates Bundesrepublik eine Ermutigung für rechte Positionen. Denn jetzt war gleichsam nicht nur der äußere Feind, sondern auch der innere Feind fixiert, in dem entstehenden anderen deutschen Staat. Damit war die Verfolgung der Kommunisten und aller, die man mit ihnen im Bunde wähnte, innerhalb der Bundesrepublik vorprogrammiert. Die Bundesrepublik sollte nicht ihr Staat sein.

Das wurde natürlich nicht zu Papier gebracht. Das Grundgesetz hat noch viele Impulse der ersten Nachkriegszeit und vor allem des antifaschistischen Kampfes aufgenommen. Es hatte, bei allem Kompromißcharakter im einzelnen, noch klare antifaschistische Konturen. Sollte die Bundesrepublik auch ein kapitalistischer Staat gegen einen möglichen sozialistischen sein, so sollte sie aber auch antifaschistisch sein. Der Faschismus sollte als politische Gestaltungsmöglichkeit von vornherein ausgeschlossen sein. Indem die Grundrechte als unveräußerliche Menschenrechte der staatlichen Gewalt vorgeordnet wurden, sollte die Herrschaft der Exekutive begrenzt werden. Der Staat wurde auf den einzelnen Bürger hin konzipiert, ihm zu Diensten. Das war durchaus Teil einer antifaschistischen Überzeugung. Dasselbe gilt für die unmittelbare Gültigkeit des Völkerrechtes, zu dem ja auch das Nürnberger Urteil mit seinen Normen gegen den Faschismus gehört. Ein weiteres antifaschistisches Element war die Festlegung der Bundesrepublik auf den Frieden. Der Slogan „Nie wieder Faschismus, nie wieder Krieg" fand so seinen Niederschlag im Grundgesetz. Voll ausgelegt und realisiert, hätte das Grundgesetz jede Rechtsentwicklung und vor allem von seiner antimonopolistischen Komponente her jede nur denkbare Form des Faschismus stoppen können.

Die parallel zum Kalten Krieg einsetzende Restauration der gesellschaftlichen Verhältnisse hat das verhindert. Der Verfassungstext wurde mit der Verfassungswirklichkeit immer weniger deckungsgleich. Vom Tage ihrer Gründung an tendierte darum auch die Bundesrepublik immer deutlicher nach rechts. In der gesellschaftlichen Realität sollte der in der Verfassung verbriefte Antifaschismus vergessen gemacht werden. Jede gesellschaftliche Alternative, die den Antifaschismus ernst nahm, wurde zunehmend diskriminiert, kriminalisiert und schließlich im KPD-Verbot illegalisiert. Dieses Verbot war nicht allein gegen die von der KPD repräsentierte sozialistische Alternative gerichtet, nicht nur gegen radikaldemokratische Bestrebungen, sondern auch gegen die antifaschistische Fundierung der Politik. In diesem Verbot wandte sich die Bundesrepublk gleichsam von ihren eigenen Anfängen ab.

IV.

Die Rechtsentwicklung nahm seit Gründung der Bundesrepublik ständig zu. Die die Bundesrepublik tragenden Parteien orientierten sich immer stärker nacht rechts, das gilt für CDU/CSU und für die FDP in gleichem Maße. Sie nahmen sehr bald auch Nazigrößen in ihre Reihen auf. Und daß ein so belasteter Mann wie Globke, Mitverfasser und Kommentator der Nürnberger Rassegesetze, erster höchster Beamter des Staates werden konnte, war symptomatisch. Die erste wie auch die folgenden Bundesregierungen unter Adenauer wurden aber auch schon von einer betont rechtsgerichteten Partei, der Deutschen Partei, mitgetragen. In ihr wie auch im evangelischen Flügel der CDU/CSU (nach dem Ausscheiden der Gruppe um Gustav Heinemann) setzte sich die Tradition der Deutschnationalen fort, des Bündnispartners der NSDAP.

Aber das Klima war bei der Gründung der Bundesrepublik bereits wieder so verändert, daß im ersten Bundestag offene Faschisten saßen, in Gestalt der Deutschen Rechtspartei, dessen bekanntester Repräsentant der spätere NPD-Vorsitzende von Thadden war. Trat diese Partei noch moderiert auf, so gründeten noch im Jahr 1949 andere, die sich von der DRP trennten, eine militant-aggressive faschistische Partei, die die NSDAP direkt und ungetarnt fortsetzte, die Sozialistische Reichspartei, die bei Landtagswahlen in Niedersachsen und Bremen um 10 Prozent der Stimmen auf sich vereinen konnte.

Zur gleichen Zeit, in den frühen fünfziger Jahren, wurden weitere neofaschistische Parteien und Gruppen gebildet, wie die Deutsche Gemeinschaft, der Deutsche Block, die Vaterländische Union, dessen Gründer Feitenhansl heute führendes Mitglied der NPD ist. Eine besondere Bedeutung erlangte für einige Jahre, auch als Koalitionspartner Adenauers, der Block der Heimatvertriebenen und Entrechteten (BHE). Diese Partei umschloß reaktionäre Kräfte aller Schattierungen, von Ultrakonservativen bis zu Alt- und Neonazis. Durch ihre Regierungsbeteiligung konnte sie nicht unwesentlich zur Hoffähigkeit auch alter Nazis beitragen.

Im Schatten der Parteienbildung auf der äußersten Rechten formierten sich auch reaktionäre und neofaschistisch orientierte Jugendbünde, wie der noch heute bestehende Verband „Wiking-Jugend" und der Bund Deutscher Jugend (BDJ), der für den Tag X schwarze Listen anlegte und paramilitärische Übungen durchfürhte. Der BDJ wurde aufgelöst, während die anderen Jugendgruppen bis in die Gegenwart fortbestehen, zum Teil untereinander fusioniert.

Es entstanden zur gleichen Zeit Soldatenverbände wie der Stahlhelm. Auch die SS witterte Morgenluft und formierte sich in der „Hilfsgemeinschaft auf Gegenseitigkeit" (HIAG). So gab es seit Gründung der Bundesrepublik ein breites Netz neofaschistischer Gruppierungen. Sie konnten in den meisten Fällen unbehelligt wirken, ihre Literatur veröffentlichen und so in ihrer Weise an der Meinungs- und Willensbildung der Bevölkerung teilnehmen. 1952 wurde lediglich die SRP als Nachfolgeorganisation der NSDAP verboten. Das geschah auch, weil die Bundesregierung für das angestrebte Verbot der KPD ein Alibi gebrauchte. Bei gleichzeitigem Verbot einer Partei, in deren Reihen viele bewährte Antifaschisten standen, konnte man nicht — damals noch nicht — die offene faschistische Partei frei agieren lassen. Doch keineswegs waren Faschismus und Neofaschismus damit erledigt.

An die Stelle der SRP, die sich zum Zeitpunkt ihres Verbotes schon in der Selbstauflösung befand, trat die in Deutsche Reichspartei umbenannte DRP. Sie repräsentierte bis in die Mitte der sechziger Jahre den Neofaschismus in der Parteienlandschaft. Sie nahm an allen Bundestagswahlen teil, konnte allerdings, obwohl sie den Naziobersten Rudel oft als Redner bemühte, nie mehr als etwa 1 Prozent der Stimmen gewinnen. Aber, und das blieb entscheidend, der Neofaschismus hatte seine Organisationsform, hatte seine Plattform zur Propaganda, konnte sich gegen Geist und Inhalt des Grundgesetzes als Möglichkeit darstellen.

V.

Doch viel prägender für die politische Entwicklung in der Bundesrepublik als die verschiedenen oft untereinander zerstrittenen neofaschistischen Gruppen war die Tätigkeit alter Nazis, nun im Gewande der Demokraten, innerhalb der Staatsorgane und der bürgerlichen Parteien. Nach Globke folgten viele Altnazis, die wieder zu den Schalthebeln der Macht drängten. Weder die Verwaltung noch die Justiz waren von Nazis freigehalten. Selbst von Gerichten bestrafte Nazis konnten den Weg an die Macht zurückfinden, während schon mit Beginn der Bundesrepublik Antifaschisten aus öffentlichen Ämtern verdrängt wurden. Die Bundeswehr, 1955 offiziell aufgebaut, wurde kommandiert von Nazigeneralen, die während der Nazizeit auch nie einen Zweifel am Faschismus geäußert oder einen Hauch von Widerstand gezeigt hatten. Schon die ersten führenden Generale wie Speidel und Heusinger waren treue Paladine Hitlers, überführte Kriegsverbrecher wie Trettner und Foertsch konnten zu Generalinspekteuren aufsteigen. So wurde die Bundeswehr von Anfang an vom Geist des Faschismus durchsetzt. Der „Bürger in Uniform" mußte eine Schimäre bleiben. Die Ausbildung der Soldaten blieb nazistischen Vorstellungen verhaftet, zumal das Feindbild, der Fall „rot", seine Kontinuität bewahrt hatte. Die in jüngster Zeit bekanntgewordenen Skandale in der Bundeswehr, wie der Rudelauftritt, die symbolische Judenverbrennung an der Bundeswehrhochschule in München, das Absingen nazistischer Lieder, die Heil-Hitler-Grüße in Rheine und vieles andere mehr sind Auswirkungen, gleichsam Langzeitwirkungen neonazistischer Durchdringung der Bundeswehr seit ihrer Gründung. So stellt die Bundeswehr von ihrem inneren Zustand her eine permanente Gefahr für die Demokratie dar, eine Gefahr, die sich unter bestimmten Bedingungen aktualisieren kann.

Für den oberflächlichen Beobachter können sich die Jahre zwischen 1955 und 1965 als eine Zeit vergleichsweise geringer neonazistischer Aktivitäten ausweisen. Doch muß bedacht werden, damit kein historisches Fehlurteil entsteht, daß während jener Jahre die CDU/CSU fast alle reaktionären Kräfte und damit auch neofaschistische absorbieren konnte.

Rechtsparteien wie die Deutsche Partei, der BHE oder der kurzlebige rechtsextreme Ableger der FDP, die Freie Volkspartei, wurden von der CDU/CSU völlig aufgesogen. Dadurch wurde aber zugleich das reaktionäre Potential innerhalb der CDU/CSU erheblich vermehrt. Es darf auch nicht vergessen werden, daß während dieser Periode ein so belasteter Mann wie Lübke Bundespräsident und 1966 schließlich der Altnazi Kiesinger Bundeskanzler werden konnte.

Wie trügerisch das oberflächliche Bild war, zeigte sich während der ersten größeren Wirtschaftskrise nach Jahren relativer Prosperität 1966/67. Die Rezession ließ erkennen, daß die Marktwirtschaft doch nicht ein Allheilmittel ist, doch nicht für alle Zeit Wohlstand garantieren kann. Damals wuchs mit der Arbeitslosigkeit die Existenzangst in breiten Schichten. Viele Menschen, nur orientiert auf kurzfristigen Konsum, verloren die Orientierung, wurden unzufrieden, ohne den Grund ihrer Unzufriedenheit erkennen, geschweige denn artikulieren zu können. Die Große Koalition aus CDU/CSU und SPD vermochte bei vielen kein Vertrauen mehr zu erwecken, sondern erschien als eine Komplizenschaft gegen die Bevölkerung. Eine linke Alternative konnte sich unter den Bedingungen des noch anhaltenden Kalten Krieges und unter dem Schatten des KPD-Verbotes nicht ausreichend entfalten. In dieser Situation zeigte sich, wie sehr Teile der Bevölkerung für neofaschistische Parolen anfällig waren, wie wenig sie antifaschistisch immunisiert waren. Fast aus dem Stand konnte die 1964 aus verschiedenen neofaschistischen Gruppen, mit dem Organisationskern der DRP gegründete NPD bei Landstagswahlen bis zu 10 Prozent der Stimmen gewinnen, während sie bei den Bundestagswahlen 1965 nur 2 Prozent erreicht hatte. Wieder einmal bestätigte sich, wie sehr eine unpolitisch gehaltene, in traditionellen Denk- und Verhaltensmustern gebundene Bevölkerung faschistischer oder neofaschistischer Demagogie anheimfallen kann. Nur der demokratischen Öffentlichkeit und demokratischen Gruppen war es 1969 zu verdanken, daß die NPD knapp daran scheiterte, in den Bundestag einzuziehen. Binnen kurzer Zeit fiel die NPD zurück, schwand ihre Mitgliedschaft, wurde sie auf Sektenniveau heruntergedrückt.

VI.

Doch damit war die neofaschistische Gefahr nicht gebannt. Sie bekam lediglich andere Züge. Wieder orientierten sich die klügeren Teile des Neofaschismus auf die Unionsparteien, die, nunmehr zum erstenmal seit Gründung der Bundesrepublik in der Parlamentsopposition, sich zur Rechten hin profilierte. Die Unionsparteien unterließen nichts, um das Klima in der Bundesrepublik nachhaltig reaktionär zu beeinflussen. Ihr Kampf gegen die Ostverträge ließ eine gefährliche Nähe zu neofaschistischen Kreisen erkennen. Auf beiden Seiten war von Verzicht, ja von Verrat an Deutschland die Rede. Die Neofaschisten versuchten, durch eine Formierung ihrer Kräfte massiven Druck gegen die Verträge zu erzeugen. Sie gründeten 1970 in Würzburg eine „Aktion Widerstand", deren Zusammensetzung Erinnerungen an die Harzburger Front weckte. Strauß ließ sich bei dem Würzburger Treffen entschuldigen, distanzierte sich aber in keiner Weise von der neofaschistischen Sammlungsbewegung, deren Parolen offene Pogromstimmung entfachen sollten. Strauß versuchte vielmehr unter eigener Regie alle reaktionären Kräfte zu sammeln.

Überhaupt ist die Zeit nach 1970 auf der rechten Seite von den ständig wechselnden Versuchen bestimmt, an Stelle der NPD, die sich für die Zwecke der Herrschenden als verbraucht erwiesen hat, eine neue Formation ultrarechter, ja neofaschistischer Provenienz zu schaffen. Daß es bis heute noch nicht gelungen ist, eine solche Formation zu gründen, zeigt aber auch, daß der Aktionsradius der Herrschenden durchaus eingeschränkt ist. Keine Gruppe, die als Kristallisationspunkt für eine Vierte Partei gedacht war, konnte an Einfluß gewinnen. Offensichtlich traut man auch einer bundesweiten CSU noch nicht zu, daß sie die Funktion einer rechten Sammlungspartei erfüllen kann, einer Partei, die auf längere Frist Massen an sich und damit an die Interessen der Herrschenden binden kann. Aber alle Versuche haben doch dazu beigetragen, das neofaschistische Potential wach und mobil zu halten.

So ergibt sich gegenwärtig eine widersprüchliche Situation. Eine mitgliederstarke, auch als Wählerpartei brauchbare neofaschistische Organisation ist nicht existent. Aber neofaschistische Aktivitäten häufen sich, beginnen, auf das politische Klima einzuwirken. Wer den Blick nur auf rechtsgerichtete oder neofaschistische Parteien lenkt, wird eine akute Gefahr des Neofaschismus leugnen. (Er hätte sie vermutlich auch 1928, als die NSDAP noch Sektencharakter hatte, geleugnet.) Nur der Blick auf die politische Gesamtsituation läßt die Gefahr und Gefährlichkeit des Neofaschismus erkennen.

VII

Die bundesdeutsche Gesellschaft ist für den Neofaschismus präpariert. Seit Jahren hat sich eine beschleunigte Entwicklung nach rechts vollzogen. Davon ist keine der Bundestagsparteien ausgenommen. Das gilt aber auch für die staatlichen Institutionen. In den Bildungseinrichtungen wird ein Druck erzeugt, der kritisches Denken allmählich unmöglich macht. In der Justiz werden immer restriktivere Urteile gesprochen und Maßnahmen durchgeführt. Die Gewerkschaften werden diffamiert, so durch die Feindschaft gegen sie produzierende Behauptung vom „Gewerkschaftsstaat". Jede gesellschaftliche Alternative wird diskriminiert, die Berufsverbote sollen den gesellschaftlichen Status quo sakrosankt machen. Bestehende Verträge werden wie zur Zeit der Weimarer Republik negiert; der Revanchismus kann sich ungehindert zu Wort melden und Grenzen in Frage stellen. Der Andersdenkende wird diffamiert, wird öffentlich an den Pranger gestellt, wie es in der von der CDU aufgestellten Liste angeblicher Terroristensympathisanten geschieht. Reformen, noch vor Jahren euphorisch angekündigt, werden nicht fortgesetzt oder sogar zurückgenommen. Die Gesellschaft soll, wie sie ist, reformlos, als die beste aller denkbaren akzeptiert werden. Der obrigkeitsgläubige und -hörige Untertan ist wieder zum Leitbild erhoben worden. Für die wirtschaftliche und gesellschaftliche Krise werden keine Auswege gezeigt. Die bestehende Gesellschaft soll auch als Krisen erzeugende blind anerkannt werden. Sie ist gleichsam zu einer geschlossenen Gesellschaft geworden, deren Überschreitung als unmöglich erscheinen soll. Dazu werden auch immer perfektere Überwachungsmechanismen erfunden und eingesetzt. Auf dem Weg zum Atomstaat werden, wie Kalkar gezeigt hat, die Freiheiten der Bürger immer begrenzter. Auch die Möglichkeit einer Atomdiktatur, die jeden Bürger elektronisch kontrolliert und lenkt, gehört nicht mehr ins Reich bloßer Spekulationen.

Das ist, skizzenhaft entworfen, der Hintergrund, vor dem sich neofaschistische Aktivitäten abspielen.

Sie lassen sich nach bestimmten Aspekten aufgliedern:

1. Die NPD gilt bei aller Schwäche nach wie vor als einzige neofaschistische Wählerpartei. Sie nutzt das ihr von den Herrschenden gegen das Grundgesetz zugebilligte Parteienprivileg nach Art. 21 des Grundgesetzes aus. Sie kann sich so als honorige Form des Neofaschismus vorstellen. Durch ihre Existenz kann von ebenfalls neofaschistischen Tendenzen in bürgerlichen Parteien abgelenkt werden. Sie kann im Schutz der Legalität testen, wie weit die Bevölkerung auf neofaschistische Parolen ansprechbar ist. Darin liegt m. E. auch der Sinn für ihr provokatorisches Auftreten etwa zum 17. Juni oder zum 13. August. Darüber hinaus steht sie immer noch als Wählerpartei in Reserve, solange keine für den Neofaschismus wirkungsvollere Form gefunden ist. Die NPD ist also zusammen mit ihren Gliedorganisationen wie den Jungen Nationaldemokraten nicht als harmlos gewordene Gruppe zu bezeichnen.

2. Außer vielen Versuchen, eine Sammlungsbewegung der Neofaschisten zu schaffen, hat sich eine Organisation mit dem Anspruch, eine solche Sammlung darzustellen, verstärkt in die Öffentlichkeit gedrängt, die Deutsche Volksunion. Ihr zur Seite steht der größte direkt neofaschistische Pressekonzern des Dr. Frey, der neben der sehr verbreiteten „Deutschen Nationalzeitung" weitere neofaschistische und revanchistische Zeitungen herausgibt. Die DVU verzichtet bewußt auf den Parteiencharakter, um so besser in konservative Kreise eindringen zu können.

Zu ihren Gründungsmitgliedern gehörten nicht zufällig auch CSU-Angehörige. Sie verfolgt aktuell folgende Ziele:

a) Die Nazivergangenheit soll endgültig rehabilitiert werden. Darum werden Naziverbrecher als Vorbild für die Jugend hingestellt, so der SS-Mann Peiper, so der Nazi-Oberst Rudel, der mittlerweile zur Symbolfigur des Neofaschismus aufgebaut wird.

b) Das Naziregime soll in aller Öffentlichkeit von allen seinen Verbrechen freigesprochen werden. Zu diesem Zweck unterstützt die DVU alle Unternehmungen, die die Ermordung von sechs Millionen Juden als „Lüge" nachweisen wollen.

c) Sie vertritt einen betont militanten Antikommunismus mit der Zielrichtung, ihn zur ideologischen Einigungsklammer für alle neofaschistischen, aber auch konservativen Kräfte zu machen. — Mit militanten Aufmärschen versucht die DVU, die Bevölkerung mit ihren Bestrebungen zu konfrontieren.

3. Neofaschisten treten seit einiger Zeit wie ehemals die SA terroristisch auf. Die „Wehrsportgruppe Hofmann" mit ihren Bürgerkriegsübungen und ihrer Kriegsausrüstung ist dafür das markanteste Beispiel. Seit dem Überfall in Tübingen auf demokratische Studenten ist klar, daß es die Neofaschisten mit ihrem Terror ernst meinen. In diesen Zusammenhang gehört auch die Gruppe um den Ex-Rechtsanwalt Roeder, der mehrfach zum Terror aufgerufen hat.

Die neofaschistische Terrorszene wird weiter bestimmt durch sich häufende antisemitische Ausschreitungen, durch Friedhofsschändungen, durch Beschädigung von Gewerkschaftshäusern und DKP-Büros. Es zeigt sich, daß Faschismus und Neofaschismus unlösbar mit dem Terror verbunden sind. Im Terror treffen sich auch die neofaschistischen Gruppen, die sonst untereinander wegen der sich gegenseitig ausschließenden Führungsansprüche verfeindet sind.

4. Seit einiger Zeit wird von einer „braunen" oder „schwarzen" Internationale gesprochen. Querverbindungen hat es zwischen bundesdeutschen und ausländischen Neonazis schon immer gegeben. Nicht selten wurden sie von geflohenen Nazis in Lateinamerika oder Spanien geknüpft. In der Vergangenheit spielten da Rudel und Skorzeny eine wesentliche Rolle. Gegenwärtig versuchen die Neonazis, sich im Vorfeld der Europawahlen zu formieren. Erst neulich wurde ein Wählerverband unter der Bezeichnung „Aktion Nationales Europa" in Fürth gegründet. Neofaschisten aus verschiedenen Gruppen und Ländern Europas waren anwesend. Zu ihrem Spitzenkandidaten erkoren sie sich keinen anderen als den Führer-Stellvertreter Rudolf Heß. Auch die Fluchtaktion Kapplers hat Hinweise auf ein Zusammenwirken deutscher und ausländischer Neofaschisten gegeben.

Von Bedeutung sind die Neofaschisten vor allem in Spanien, dessen Fortentwicklung vom Faschismus noch lange nicht als gelungen betrachtet werden darf. In Griechenland formieren sich die Junta-Anhänger in einer eigenen Partei, die bei den jüngsten Parlamentswahlen auf Anhieb 6,8 Prozent der Stimmen erhalten hat. In Italien haben die Neofaschisten seit Jahrzehnten eine eigene Partei mit Stimmenanteilen zwischen fünf und zehn Prozent. In Belgien sind die Aktivitäten der Flämischen Volksunie, die mit der DVU eng kollaboriert, und der Rexisten von besonderer Bedeutung. Besorgniserregend ist die Zunahme des Neofaschismus in Großbritannien, also in einem Land, das lange als immun gegen jedweden Faschismus galt. Dort vermischt er sich mit einem aggressiven Rassismus. Es ist ihm bei Kommunal- oder Parlamentswahlen gelungen, durch seine Parteien, die Nationale Front oder die Nationale Partei, zwischen 10 und 18 Prozent der Stimmen zu erhalten. Nur das englische Wahlsystem hat bisher eine größere Repräsentanz des Neofaschismus in Parlamenten verhindert. In Portugal schließlich haben die Salazar-Faschisten immer noch starke Positionen in Staatsverwaltung und Militär. Dieser kurze Überblick über den europäischen Neofaschismus läßt erkennen, daß der bundesdeutsche Neofaschismus in einen größeren Rahmen hineingehört. Das aber darf nicht zu der Verniedlichung führen, anderen ginge es nicht anders als uns. Die internationale Verflechtung erhöht nur die Gefahr, die von einem bundesdeutschen Neofaschismus ausgehen kann.

5. Der Neofaschismus in der Bundesrepublik erhält auch Nahrung durch die Verharmlosung des Faschismus durch Kreise, die selbst nicht als neofaschistisch eingestuft werden können. Das bekannteste Beispiel dafür ist der Hitler-Film von Fest. Er macht den Faschismus wieder hoffähig, indem er ihn auf Hitler als Person, auf formale Mechanismen der Macht, auf die angeblich erfüllte Sehnsucht vieler Menschen reduziert. Er kann das nur tun, weil er das Wesen des Faschismus verdeckt, seine beispiellosen Verbrechen ebenso wie seine Installierung durch das Großkapital. Die erklärten Neonazis haben denn auch den Film gefeiert.

In der Tat ist dieser Film eine raffinierte Form der Rehabilitierung des Faschismus. Die Tatsache, daß er überhaupt produziert und von Hunderttausenden gesehen worden ist, läßt Rückschlüsse auf die politische Atmosphäre in der Bundesrepublik zu. Da kann es schon beinahe nicht verwundern, daß die alten SS-Angehörigen offen unter ihren alten Regiments- und Divisionsnamen und -zeichen auftreten. Sie fühlen sich ganz offensichtlich sicher und im Schoß bundesdeutscher Verhältnisse geborgen. Sie fühlen sich gegen das Grundgesetz, das nach Text und Geist ihre Organisation und ihre Organisierung verbietet, abgeschirmt.

VIII

In der Bundesrepublik ist der Faschismus nicht überwunden. Die ihn erzeugenden oder begünstigenden Bedingungen sind geblieben. Der Antifaschismus ist gegen das Verfassungsgebot Art. 139 Grundgesetz nicht zum Tragpfeiler der Bundesrepublik geworden wie etwa in Italien. Die bundesdeutsche Bevölkerung ist nie über den wahren Charakter des Faschismus, über seine Entstehung, seine ökonomischen Wurzeln und seine Herrschaftsmethoden aufgeklärt worden. Die von den Westalliierten begonnene Reeducation war zu mechanisch angelegt, sie ließ zudem den Faschismus mit Deutschsein verwechseln, erhielt also einen antideutschen und nicht eindeutig antifaschistischen Trend. Diese Umerziehung wurde von weiten Teilen der Bevölkerung abgestoßen. Sie bewirkte vielfach Trotzreaktionen. Die Erwartung der Westalliierten, besonders der USA, der Nazismus könne durch juristische Schritte erledigt werden, verriet nicht nur große Naivität, sondern war auch getragen von dem Willen, nicht an die Wurzel des Faschismus vorzudringen, weil dann womöglich das eigene System in Frage gestellt worden wäre. So geriet die Entnazifizierung durch ihre mechanistische Praxis zu einer Groteske. Gewöhnlich wurde der kleine Mann gefangen, aber der Obernazi schlüpfte durch die Netze.

Mit Beginn des Kalten Krieges erlahmte auf seiten der Westalliierten schließlich jeder Wille, mit dem Faschismus abzurechnen. Mit der gesellschaftlichen Restauration schließlich entwickelte sich ein Klima, in dem sich auch schwerbelastete Nazis wieder hervorwagen konnten. Sie fanden Verhältnisse vor, die sich den ihnen vertrauten immer mehr anverwandelten. Sie selbst wurden bald wieder Promoter der Entwicklung ins Reaktionäre. Dabei haben sie nicht nur mit formalen Kenntnissen und Fähigkeiten, auf die beim Wiederaufbau angeblich nicht verzichtet werden konnte, zur Verfügung gestanden. Sie trugen den Geist des Nazismus mit ein. Oder, scheuten sie davor zurück, wurden sie durch Verschweigen Förderer der Restauration. Es gab für diese Haltung auch die entsprechende wissenschaftliche Begründung. Ernst Nolte erklärte den Faschismus in Europa mit dem Zweiten Weltkrieg für beendet. Er sah in ihm eine geschichtliche Epoche, die zu ihrem Ende gefunden hatte, also auch keine Fortsetzung finden könne. Eine solche Deutung konnte nichts anderes sein als die ideologische Freisprechung des Faschismus und seiner

Anhänger. Wirkten sie fortan in einem Staat, der sich selbst einen demokratischen und sozialen Rechtsstaat nannte, mußten sie als anerkannte und gefragte Staatsbürger wähnen, daß ihre faschistische Tradition sich in den neuen Staat einfügen lasse. Diese Art der alten Nazis, die sich nicht gewandelt hatte, bejahte denn auch sehr schnell und laut diesen Staat als den ihren. Aber indem sie sich für ihn aussprachen, sprachen sie sich auch für ihre Tradition aus, ohne das immer ausdrücklich zu betonen. Auf der anderen Seite wurde auch durch ihr Wirken der Antifaschismus aus der Realität der Gesellschaft verdrängt. So wurde die Bundesrepublik zwar kein faschistischer Staat, aber auch — und das vor allem — kein dezidiert antifaschistischer Staat. Nichtfaschistisch blieb sie dem Faschismus gegenüber offen.

Ein weiteres ideologisches Element, das die Überwindung des Faschismus verhinderte, bildete die Lehre vom Totalitarismus. Nach ihr werden Faschismus und Kommunismus als wesensgleich, nur in den konkreten Erscheinungsformen als verschieden interpretiert. Für die herrschenden Kreise erfüllte diese Lehre zunächst einmal eine Entlastungsfunktion. Sie konnten sich frei von der Schuld am Faschismus als Produkt kapitalistischer Gesellschaftsordnung begreifen, gehörte er doch zu dem Gesamtphänomen Totalitarismus, in dem sich Kapitalismus nicht notwendig und immer ausformt. Darüber hinaus hatte die Lehre vom Totalitarismus eine Ablenkungsfunktion. War der Faschismus nach dem Epochenschema beendet, galt es nun, statt an seiner unwiderruflichen Überwindung zu wirken, sich gegen die andere Form des Totalitarismus, den Kommunismus, zu wenden. So konnten sich Altnazis in die antikommunistische Einheitsfront einreihen, wohl auch noch in dem Glauben, sich dadurch vollends rehabilitieren zu können.

Der Antikommunismus wurde so die Konstante, die die Bundesrepublik mit dem faschistischen Deutschen Reich, als dessen Rechtsnachfolger sie sich verstand, verband. Und es war der Antikommunismus, der die Altnazis in die bundesdeutsche Gesellschaft integrierte. Bei diesem Prozeß brauchten sie auf nichts Substantielles zu verzichten. Sie konnten sich bei äußerlich geänderten Verhaltensformen ideologisch gleich bleiben. Daß umgewandelte Altnazis in der Bundesrepublik ihre Identität bewahren konnten, mußte politische und ideologische Auswirkungen haben. Antifaschisten hingegen wurde es schwer, oft sogar unmöglich gemacht, in der Bundesrepublik ihre Identität zu finden. Sie wurden sehr bald im Gegensatz zu den Altnazis als Outsider betrachtet und nicht selten auch so behandelt.

In diesem Zusammenhang muß auch bedacht werden, daß sich der Antikommunismus in der Bundesrepublik politisch, ideologisch und dann auch militärisch gegen ein Gesellschaftssystem richtete, das genuin antifaschistisch geprägt ist. So mußten sich auch durch die offizielle Politik die Altnazis bestätigt fühlen. Hatten sie doch schon vor den Bonner Antikommunisten das richtige Feindbild. Sie mußten sich für den antikommunistischen Kreuzzug bis zum Ural zur Rettung des christlichen Abendlandes geradezu als die Experten betrachten. Und sie wurden ja in der Tat beim Aufbau der Bundeswehr als Experten eingesetzt. Mit der ökonomischen Restauration wurde auch eine idelogische Restauration betrieben. Ideologische Vorformen des Faschismus wurden wieder lebendig. Autoritäre Herrschaftsformen hielten Einzug in die bundesdeutsche Gesellschaft. Adenauer war geradezu die Inkarnation des Autoritären, der keinen Widerspruch duldete, der demokratische Verhaltensformen verabscheute, der das Parlament zu seiner Zustimmungsmaschine herabwürdigte. Autoritär entschiedene Maßnahmen wurden beklatscht, der politische Gegner, der zu opponieren wagte, zum Feind abgestempelt. Das Denken in Freund-Feind-Schemata, in der Adenauer-Ära dominierend, hatte seine Muster im konservativ-autoritären wie im faschistischen Denken. Eine lebendige Demokratie war unter diesen Umständen auch ideologisch nicht möglich. So hielt sich eine faschistische Denkstruktur in der Geschichte der Bundesrepublik durch. Sie ist bis heute nicht abgebaut. Sie erneuert sich immer wieder im Ruf nach dem „starken Mann" oder dem „starken Staat". Diese Denkstruktur fördert heute neofaschistische Gedanken, unabhängig davon, in welchem organisatorischen Bezugsrahmen sie artikuliert werden.

Auch der vorfaschistische Nationalismus, der sich mit dem Faschismus schließlich verschmolz, wurde fortgesetzt. Nur wurde er diesmal nicht unbedingt auf das Deutschtum bezogen. Die ideologisch gemeinte Berufung auf Europa war Ausdruck dieses gebliebenen, nur modifizierten Nationalismus. Die Europaeuphorie der ersten Adenauer-Ära hatte sehr wohl Berührungspunkte mit dem wilhelminischen Nationalismus und, da sie expansiv war, mit dem nazistischen Nationalismus. Im Namen Europas sollte wieder vom deutschen Boden aus die Welt neugeordnet werden. — In jüngster Vergangenheit erleben wir eine Reaktivierung des Nationalismus, jetzt nicht mehr unbedingt in Verbindung mit der Europa-Idee. Das „Modell Deutschland" soll exportiert werden, auch zum Westen hin. „Aus Liebe zu Deutschland" wird der Antikommunismus in der Alternativformel „Freiheit oder Sozialismus" in erschreckender Weise angefacht. Nach Strauß muß „Deutschland" überall in Europa eine Volksfront verhindern.

Dieser Nationalismus, der ja auch gegenüber dem antifaschistischen deutschen Staat, der DDR, in der Formel von der „Einheit der deutschen Nation" aggressiv benutzt wird, wird von Parteien und Politikern gepflegt und propagiert, die Faschisten zu nennen, sicher nicht korrekt ist, aber sie verraten Denkstrukturen, in denen die Neofaschisten auch zu denken gewohnt sind. Sie können an offizielle Erklärungen anknüpfen, sich somit als systemkonform bezeichnen und den offiziellen Erklärungen nur noch eine gewisse Zuspitzung verleihen. Nicht umsonst können sich Neonazis wie Frey und andere an Äußerungen Bonner Politiker anschließen, und zwar nicht aus taktischen, sondern aus inhaltlichen Gründen.

Neofaschismus wird auch durch die gegenwärtig über die Bundesrepublik hinweggehende Welle der Gegenaufklärung gefördert. Es ist Kennzeichen des Faschismus, daß er nicht nur den Sozialismus beseitigen will, sondern auch die Errungenschaften der Französischen Revolution. Aber in den Diffamierungskampagnen gegen kritische Intellektuelle und Schriftsteller im Zuge der Terroristenhysterie werden auch von Unionspolitikern und anderen sich konservativ titulierenden Publizisten etwa der Frankfurter Allgemeinen (FAZ) Forderungen erhoben, die die Demokratie vollends aufheben und durch einen obrigkeitlich organisierten Staat ersetzen sollen. Wo die Kritik an den bestehenden Verhältnissen kriminalisiert wird, beginnt das Ende der Demokratie. Wir befinden uns in einer solchen gefährlichen Phase. In ihr müssen Neofaschisten geradezu Oberwasser bekommen.

In diesen Zusammenhang hinein gehören auch die Berufsverbote, die nicht nur in ihrer Praxis, sondern schon in ihrer ideellen Anlage auf autoritäre, den Faschismus begünstigende Elemente hinweisen. Sie sollen die Alternative administrativ ausschalten, sie sollen den gesellschaftlichen Status quo fixieren, seine Transzendierung illegalisieren. Berufsverbote, ein Mittel des autoritären Staates unter Bismarck und des faschistischen Staates unter Hitler, sind allemal Demokratieverbote. Sie können von Demokraten nur bekämpft, von Neofaschisten hingegen sehr wohl begrüßt werden. So ist es ihrem Wesen nach geradezu folgerichtig, daß sie sich nur gegen Demokraten richten, während Neofaschisten in der Gerichtspraxis von ihnen ausdrücklich ausgenommen sind.

Schließlich dienen die Berufsverbote, wieder ihren zum Faschismus tendierenden Charakter verratend, dazu, daß die Wirtschaftskrise auf der Ebene der Bewußtseinsbildung ohne bedrohliche Folgen für das herrschende System bleibt. Sie sollen für die von der Krise geängstigten Menschen Einsichten in ihre Lage und in den Zustand eines Systems, das Arbeits- und Perspektivlosigkeit für viele produziert, verhindern. Menschen sollen bewußtlos gehalten werden. Nur bewußt- und orientierungslose Menschen sind für jede Demagogie anfällig, gerade auch für eine faschistisch geprägte. Sie suchen nach Auswegen und liefern sich denen womöglich aus, die den Ausweg des starken, sich alles unterordnenden Staats empfehlen, den sie in Ahnungslosigkeit auch noch als die große Geborgenheit ansehen mögen.

Und die gegenwärtige Hitlerwelle drängt in dieselbe Richtung. Sie läßt Menschen nicht zu Bewußtsein kommen, sie hält sie vielmehr davon ab. Sie soll zwar nicht den Neofaschismus als Staatsform direkt vorbereiten, aber sie soll die antifaschistische Alternative nicht ins allgemeine Bewußtsein dringen lassen. Ihre Wirkung ist anti-antifaschistisch, darin liegt ihre akute Gefahr.

IX

Rechtsentwicklung und Neofaschismus: Sie haben viel miteinander zu tun, sie sind aber nicht dasselbe. Gegenwärtig ist die Rechtsentwicklung das brennendste Problem, hinter dem aber schon der Neofaschismus als reale Gefahr heraufzieht. Diesen Zusammenhang in richtiger Reihenfolge gilt es zu beachten.

Der antifaschistische Kampf hat es nicht zuerst damit zu tun, den Neofaschismus frontal angreifen zu müssen. Das könnte ein Kampf an der falschen Front werden. Antifaschismus ist heute die zähe und beharrliche Bemühung, dem Abbau der Demokratie zu wehren, um jedes Stück demokratischer Ordnung konsequent zu ringen. Antifaschismus bewährt sich heute im Mut zur Alternative, in der Unerschrockenheit, für die Interessen der Bevölkerung einzutreten. So auch drängt er die in der Rechtsentwicklung angelegten neofaschistischen Elemente zurück. Wenn wir nicht die Rechtsentwicklung stoppen, könnten wir eines Tages vor dem Neofaschismus ohne Maske und in voller Machtausstattung stehen. Die unverhüllten Bekenntnisse des CSU-Vorsitzenden Strauß zum faschistischen Terrorregime in Chile haben diese Gefahr noch einmal grell beleuchtet. Sie haben zudem die fließenden Grenzen zwischen einer reaktionären und einer offen neofaschistischen Position deutlich gemacht.

Doch noch eines zum Schluß:

Seit 55 Jahren ist das Jahr 1977 das erste Jahr, in dem es in Europa keinen faschistisch organisierten Staat gibt. Das zeigt, wenn

auch in der Bundesrepublik viele Kräfte die Geschichte zurück-
drehen wollen, nach Möglichkeit gleich um zweihundert Jahre,
daß der Faschismus aus der Geschichte gebannt werden kann. In
diesem Horizont sollten wir auch unsere konkrete antifaschistische Arbeit sehen und wahrnehmen.